COUP D'ŒIL HISTORIQUE

SUR

LES VOYAGES

ET SUR LES

PROGRÈS DE LA GÉOGRAPHIE

DEPUIS 1800 JUSQU'EN 1856

PAR

E. CORTAMBERT

ANCIEN SECRÉTAIRE GÉNÉRAL DE LA SOCIÉTÉ DE GÉOGRAPHIE

(*Extrait de la nouvelle édition de la Géographie de Malte-Brun, publiée par MM. Dufour, Mulat et Boulanger.*)

LAGNY. — Imprimerie de VIALAT et Cie

COUP D'ŒIL HISTORIQUE

SUR

LES VOYAGES

ET SUR LES

PROGRÈS DE LA GÉOGRAPHIE

DEPUIS 1800 JUSQU'EN 1856

PAR

E. CORTAMBERT

ANCIEN SECRÉTAIRE GÉNÉRAL DE LA SOCIÉTÉ DE GÉOGRAPHIE

(Extrait de la nouvelle édition de la Géographie de Malte-Brun.)

1856

PREMIÈRE PÉRIODE

De 1800 à 1830

Le xixᵉ siècle, dont nous essayons de raconter l'histoire géographique, s'ouvrait au milieu des gigantesques expéditions militaires de Napoléon, et, dans toutes les contrées qui en étaient le théâtre, la géographie, dont l'étude était d'ailleurs si familière à ce grand capitaine, en recevait nécessairement une vive impulsion; mais la longue paix qui allait succéder à ces guerres formidables devait profiter bien plus encore à la géographie générale, en donnant un libre essor aux recherches de la science, à l'activité commerciale et industrielle, à la liberté des communications. Les progrès que ce demi-siècle a vus s'accomplir sont immenses : combien il serait intéressant de tracer d'une manière animée et complète les explorations qui s'y pressent, parcourant toutes les mers, relevant toutes les côtes, déterminant rigoureusement d'innombrables positions, s'aventurant avec une hardiesse inouïe dans les glaces des deux pôles, pénétrant dans les déserts les plus sauvages, chez les nations les plus inhospitalières; — les travaux topographiques entrepris sur tous les points des pays placés à la tête de la civilisation; — les mesures savantes et étendues d'arcs de méridien accomplies dans plusieurs parties de l'Europe; — les canaux creusés de toutes parts entre les grands fleuves, entre les grands lacs, entre les mers; — les chemins de fer tracés comme par enchantement, sillonnant tous les États de leurs admirables réseaux, et métamorphosant complétement la condition des peuples; — la télégraphie électrique multipliant ses lignes merveilleuses et portant la pensée à de vastes distances avec la promptitude de la foudre!... Mais nous devons nous borner à une esquisse rapide.

En 1800 et 1801, les capitaines anglais *Biscop*, *Fearn* et *Sawle* parcourent le Grand océan et y découvrent plusieurs petites îles. *James Grant*, leur compatriote, explore les côtes de la Nouvelle-Hollande; mais *Flinders*, de la même nation, fait, de 1801 à 1803, une expédition plus importante qui a surtout pour objet ce même continent austral : il en explore particulièrement la côte méridionale, et c'est avec raison qu'une partie de cette côte a conservé son honorable nom. Il voit l'île des Kangarous, le golfe de Spencer, le golfe de Saint-Vincent, etc. Presque en même temps, le capitaine français *Nicolas Bau-*

din arrivait dans les mêmes parages, et il aurait pu y parvenir plus tôt, puisqu'il était parti d'Europe un peu avant Flinders. Mais les lenteurs inexcusables, l'imprévoyance et la direction inhabile de ce marin nuisirent à une expédition qui promettait pourtant la plus heureuse moisson, par le choix des savants qui en faisaient partie, par les encouragements que lui offrait le chef de l'État, par les belles instructions qu'avait données l'Institut de France : on découvrit cependant, sur la côte occidentale de la Nouvelle-Hollande, le golfe du *Géographe*, le cap du *Naturaliste*, qui durent leurs noms aux deux navires de Baudin; et, près de là, le cap *Leschenault*, la presqu'île *Péron* et d'autres points rappelleront honorablement plusieurs des savants qui participèrent à ce voyage. On visita ensuite les côtes méridionales, qui venaient d'être explorées par les Anglais; mais on imposa vainement le nom de *Bonaparte* au golfe de Spencer, celui de *Joséphine* au golfe de Saint-Vincent, celui de *Decrès* à l'île des Kangarous : l'impartialité des géographes a dû préférer les dénominations de Flinders, et l'illustre nom même de *Napoléon*, donné à une terre considérable du sud de l'Australie, n'a pas été conservé. Le nom de *Terre de Baudin*, qu'on a appliqué à une partie de la côte à l'est de la Terre de Flinders, a duré davantage sur nos cartes.

L'Américain *Crozer* fait une exploration dans le Grand océan en 1804, et visite particulièrement l'île Oualan, dans les Carolines; l'Anglais *John Turnbull* accomplissait en même temps un voyage autour du monde, découvrait l'île Norfolk, où venait bientôt s'établir une intéressante colonie sortie de la Nouvelle-Galles, et examinait avec fruit les îles Sandwich, les îles de la Société, l'archipel Dangereux.

Cependant les Russes s'élancent à leur tour dans la carrière des découvertes maritimes : *Krusenstern* et *Lisiansky* portent, de 1803 à 1806, leurs recherches à travers le Grand océan, où les suivent bientôt *Gagemeister, Golovnin, Kotzebue, Bellingshausen, Lazarev, Vasiliev, Lütke*. Les plus importantes découvertes dues à ces navigateurs furent le golfe de Kotzebue et l'île Chamisso, où parvint Kotzebue, sur la côte septentrionale de l'Amérique, au nord-est du détroit de Bering; l'île du Nouvel-An, trouvée le 1er janvier 1817 par le même, au sud-ouest les îles Sandwich; les îles Krusenstern, la chaîne du Rurik, l'île Romanzov, et quelques autres petites îles dans l'archipel Pomotou, visitées aussi par cet infatigable explorateur, qui fit un deuxième voyage dans l'Océanie en 1823: l'île Souvarov, vue par Lazarev, en 1814, à l'est des îles Samoa; les îles de Pierre 1er et d'Alexandre 1er, rencontrées dans les mers australes par Bellingshausen en 1821.

Mais revenons de quelques années en arrière, pour suivre le capitaine *Bristow* aux îles du Lord Auckland, qu'il trouve en 1806, dans le sud du Grand océan; le capitaine *Daniel Ross*, qui parcourt, en 1809, les mers de la Chine, aux frais de la Compagnie des Indes, et découvre cette longue presqu'île qu'il nomme l'Épée du Prince-Régent. En 1816, le capitaine *Maxwell*, transportant en Chine une ambassade anglaise, étudia aussi les côtes de ces mers. Vers le même temps, *Basil Hall* examina les côtes de Corée et des îles Licou-khicou.

En 1817, *Louis de Freycinet*, qui avait été le compagnon de Baudin, commença une remarquable exploration, où la géographie proprement dite eut moins de part que la physique du globe, l'étude de la forme de la Terre, la météorologie, le magnétisme terrestre, les sciences naturelles; il découvrit l'île Rose, au sud-est de l'archipel des Navigateurs, et, entre autres terres de l'Océanie, il visita avec détail les Moluques et les Carolines.

De 1819 à 1823, les capitaines anglais *Smith, Powel, Weddell, Barnesfield*, découvrent et explorent les îles glacées du Nouveau-Shetland méridional, des Orcades méridionales, de la Terre de Sandwich, de la Géorgie méridionale, de la Trinité, au sud de l'Amérique. Weddell est celui d'entre eux qui s'avança le plus loin au sud : il alla jusqu'à 74 degrés de latitude.

La jeune marine américaine, aussi, se distingue, et c'est encore le Grand océan surtout qui est le théâtre de ses recherches : *David Porter* exécute un voyage autour du monde, de 1812 à 1814 ; *David Leslie, Coffin, Gardner, Plarket, Chase*, ont fait, de 1822 à 1829, de bonnes explorations. Le capitaine *Fanning*, qui a tenu la mer près de quarante ans, vit, en 1819, les îles Fanning, qui sont les mêmes que le Nouveau-Shetland méridional.

Une des plus célèbres et des plus heureuses expéditions du premier quart de ce siècle a été celle du navire *la Coquille*, sous le commandement du capitaine *Duperrey*. Ce voyage de circumnavigation, qui commença en 1822, dura trente et un mois et demi, et fit parcourir à nos marins un développement de 25000 lieues, s'accomplit sans la perte d'un homme, sans malades, même sans avaries : il fit découvrir l'île Clermont-Tonnerre, à l'extrémité orientale de l'archipel Dangereux, et le petit groupe Duperrey, à l'est des Carolines ; permit d'explorer avec soin quelques-unes de ces dernières, entre autres Oualan, et surtout a fourni la plus féconde récolte de travaux hydrographiques et d'observations astronomiques et magnétiques.

Parmi les navigateurs anglais, nous remarquons, de 1822 à 1824, les excursions du capitaine *Nicholson*, dans le Grand océan ; du capitaine *King*, sur les côtes de la Nouvelle-Hollande ; celles de *Peyster*, qui découvrit les îles Ellice, au nord de l'archipel Viti ; celles du capitaine *Hunter*, qui, dans les mêmes parages, vit l'île *Onacuse*, à laquelle on applique aussi avec justice le nom de ce navigateur ; celles de *Wight*, qui signala l'île de Roxburgh, dans l'archipel Mangia.

En 1825, le Hollandais *Eeg* découvre l'île Néerlandaise, dans le groupe d'Ellice. *Willingk*, de la même nation, fit un voyage autour du monde, en 1823 et 1824.

En 1827, un intéressant événement frappa l'attention publique : l'Anglais *Peter Dillon*, qui, depuis vingt années, parcourait l'Océanie, venait de retrouver les traces de La Pérouse! Étant à Tucopia, il avait remarqué, entre les mains des indigènes, des objets qui lui parurent de fabrication française et qu'on lui dit provenir de l'île de Vanikoro, où, longtemps auparavant, des hommes blancs avaient fait naufrage ; il se rendit dans cette île, obtint de nouveaux renseignements qui confirmèrent les premiers ; le lieu où avait péri l'illustre navigateur français fut mis hors de doute l'année suivante par les recherches de *Dumont d'Urville*, qui était parti, en 1826, sur *l'Astrolabe*, pour un voyage autour du monde, et qui trouva, au milieu des récifs dont Vanikoro est entourée, une ancre, un canon en fonte, deux pierriers en cuivre, seuls débris de l'expédition de notre infortuné compatriote : il lui éleva, sur la côte de cette terre fatale, un modeste monument, et poursuivit jusqu'en 1829 ses grandes explorations, qui ont embrassé d'innombrables détails sur les îles Viti, la Nouvelle-Bretagne, les Carolines, etc., et qui ont valu à la science le plus bel ensemble de cartes, de vues de côtes, de dessins de races humaines et d'intéressantes descriptions.

Portons maintenant nos regards vers les mers glacées du nord, et accompagnons des navigateurs courageux et admirables dans ces excursions difficiles qui exigent encore plus de patience, de dévouement et d'audace que les courses lointaines à travers les écueils de l'Océanie : de 1820 à 1823, *Wrangell* et *Anjou*, de la marine russe, firent des voyages sur les côtes de la Sibérie, et relevèrent les rivages de l'océan Glacial l'espace de 35 degrés de longitude. De 1821 à 1823, toutes les côtes de la Nouvelle-Zemble furent explorées par le capitaine russe *Lütke*, qui devait plus tard (en 1828) parcourir le Grand océan, et découvrir le groupe de Séniavine ou Pounipet, dans les Carolines.

En 1817 et dans les années suivantes, le capitaine *Scoresby* navigua sur les côtes du Groenland, et atteignit 80° 30′ de latitude. En 1818, le capitaine *John Ross*, allant à la recherche d'un passage nord-ouest, s'était avancé assez loin dans la mer de Baffin; mais cette expédition avait eu peu de fruit, et la découverte des Arctic Highlands en fut à peu près le seul résultat. En 1819, le capitaine *Edward Parry*, qui avait accompagné John Ross, veut essayer une excursion plus fructueuse : il franchit le détroit de Lancastre, il pénètre dans l'Entrée du Prince-Régent, il découvre le détroit de Barrow, l'île Melville et un ensemble d'autres terres considérables qu'il désigne sous le nom de Géorgie septentrionale, mais qu'on appelle aussi, avec une juste reconnaissance, archipel Parry; il voit une partie de la Terre de Banks, dont le reste devait être trouvé trente ans plus tard par Mac-Clure; enfin il passe l'hiver dans la baie d'*Hekla* et *Griper* (noms de ses deux bâtiments). Mais quel affreux hiver! et quelle force d'âme chez ceux qui affrontent de telles situations! Le thermomètre descendit jusqu'à 55 degrés au-dessous de zéro. « Nous nous amusâmes, dit le capitaine Parry, à faire glacer du mercure, en l'exposant à ce froid continu, et à le battre sur une enclume préalablement amenée à la température de l'atmosphère. Il ne paraît pas très-malléable dans cet état, et se brise ordinairement après deux ou trois coups de marteau. Le 24 février, on découvrit que l'observatoire, bâti sur le rivage, était la proie d'un incendie. Chacun se mit aussitôt à l'œuvre pour éteindre les flammes en les étouffant sous la neige ; le thermomètre cependant était à 44 degrés au-dessous de zéro. Les figures des matelots éclairées par le feu présentaient un singulier spectacle. Presque tous les nez et toutes les joues étaient gelés et blanchissaient cinq minutes après avoir été exposés à l'air, en sorte que les médecins et les aides qu'on leur avait donnés étaient obligés de tourner constamment autour des hommes occupés à éteindre le feu, et de frotter, avec la neige, les parties attaquées, afin de rétablir la circulation. Le domestique du capitaine Sabine, poussé par un vif désir de sauver l'aiguille plongeante de l'observatoire, était sorti sans ses gants; ses doigts, par suite de cette imprudence, se trouvèrent si complétement gelés, qu'ayant plongé ses mains dans un bassin d'eau froide, il vit la surface se couvrir immédiatement d'une légère couche de glace, tant il lui avait communiqué un froid intense; mais cette fois la circulation ne put jamais se rétablir, et l'on fut obligé d'amputer ce malheureux. »

A peine de retour de cette pénible expédition, l'infatigable *Parry* en entreprend une nouvelle en 1821, accompagné du capitaine *Lyon*; il passe cette fois par le détroit d'Hudson, parcourt la baie Repulse, qu'il trouve fermée, contre son espoir, découvre la presqu'île Melville, l'île Cockburn, et le détroit qu'il appelle *Fury* et *Hekla*, d'après ses deux navires.

Il fit une troisième expédition en 1824, prit le détroit de Barrow, s'avança dans l'Entrée du Prince-Régent, mais vit un de ses vaisseaux (*la Fury*) brisé par le choc d'une énorme masse de glace. Enfin il tente un quatrième voyage en 1827, et cette fois c'est à l'est du Groenland, au nord du Spitzberg, qu'il dirige ses courses hardies; il y traverse des mers de glace, moitié avec des embarcations, moitié à l'aide de traîneaux, c'est-à-dire en métamorphosant les traîneaux en barques, lorsque des mares d'eau se présentaient, et il atteint ainsi 82° 45' de latitude, c'est-à-dire le plus haut point qui ait jamais été atteint par un navigateur, si l'on excepte un bâtiment baleinier d'Aberdeen, *le Neptune*, qui était parvenu, en 1816, jusqu'à 83° 20'.

Cependant d'admirables efforts étaient tentés par la voie de terre, pour arriver à connaître les extrémités continentales de l'Amérique vers le nord; *Franklin* était parti en 1819, avec *Hood*, *Back* et *Richardson*; il parvint, dans l'été de 1820, jusqu'à 64° 28' de latitude; dans celui de 1821, il descendit le Copper-Mine River jusqu'à son embouchure, et suivit les côtes du golfe du Couronnement de George IV. Il fit, en 1825, une deuxième expédition, et cette fois descendit le Mackenzie, puis longea les côtes du continent à l'ouest de l'embouchure de ce fleuve, tandis que Richardson reconnaissait celles qui se trouvent à l'est et découvrait la Terre Wollaston.

En même temps, par la voie maritime, *Lyon* et *Beechey* résolvent de donner la main à l'expédition de Franklin, le premier par les bras de mer qu'il avait déjà essayé de traverser avec Parry, mais qu'il tente vainement encore de franchir; le second par le détroit de Bering et la côte nord-ouest de l'Amérique, où il arrive à 160 milles du point où Franklin avait été forcé de s'arrêter. Voilà à peu près tout l'intervalle qui restait alors à découvrir sur la lisière du continent.

A côté de ces excursions célèbres, mentionnons la course presque ignorée, mais remarquable cependant, du capitaine français *Guédon*, qui, en 1825, montant un faible et vieux bâtiment, poursuivit les baleines jusque dans le détroit de Lancastre.

En 1829, le capitaine *John Ross*, accompagné de son neveu *James Ross*, veut réparer la sorte d'insuccès de sa première exploration des mers polaires : il s'avance résolûment, sur le navire *la Victory*, dans l'Entrée du Prince-Régent, découvre la Terre de Boothia, mais reste emprisonné dans les glaces pendant quatre années ; dans cette cruelle situation, il a le bonheur de trouver, pour le soutien de son équipage, les provisions, bien conservées, du navire *la Fury*, abandonné par Parry six ans auparavant. Une juste inquiétude régnait en Angleterre sur le sort de ces hardis marins, dont aucune nouvelle ne franchissait la barrière épaisse qui les enfermait ; enfin, le navire *Isabel*, envoyé à leur recherche, parvint à les rencontrer et à les rendre à leur patrie.

Le capitaine danois *Graah* releva la côte ouest du Groenland en 1823 et 1824, et la côte est en 1829. *David Buchan*, voulant faire des découvertes dans la direction du pôle arctique, s'avança jusqu'au nord du Spitzberg, en 1818. On ne peut omettre non plus l'expédition du commandant *Clavering* et du capitaine *Sabine*, entreprise en 1822 et 1823, au Spitzberg et sur la côte orientale du Groenland, pour des expériences relatives au pendule et à la détermination de la figure de la Terre.

Nous aurons à signaler bien d'autres entreprises dans ces parages affreux du nord ; mais auparavant jetons un nouveau regard vers les extrémités méridionales de la Terre, encore plus tristes et moins abordables, et voyons de quelles expéditions elles avaient été le théâtre pendant celles que nous venons d'esquisser.

Les capitaines américains *Foster*, *Kendal* et *James Brown* avaient rencontré plusieurs îles des mers australes, de 1828 à 1831 ; en 1830, le capitaine *Biscoe* découvre la Terre Enderby, au sud-est de l'Afrique, et là il est témoin pour la première fois du magique spectacle d'une aurore australe, aussi magnifique que les aurores boréales.

En 1829 et 1830, le capitaine américain *Morrell*, déjà connu par plusieurs grands voyages, trouve le groupe de Westerfield, l'île Livingston (dans le Nouveau-Shetland méridional), et, vers 62° 41' de latitude sud, une terre glacée qu'il appelle Groenland méridional. Ces lointaines explorations vers le sud n'étaient que le prélude d'autres plus importantes que nous aurons à raconter dans le livre suivant et qui tendront à nous donner l'idée d'un continent austral enveloppant le pôle antarctique.

Des explorations moins aventureuses, mais plus utiles peut-être, étaient entreprises, vers le même temps, dans des régions plus douces, pour le perfectionnement de l'hydrographie et les recherches scientifiques : ainsi, en 1819 et dans les années suivantes, les Français, sous la direction de l'amiral *Roussin*, relevaient les côtes du Brésil ; les capitaines anglais *Stokes*, *Skyring*, *King*, *Fitzroy*, relevaient celles de la Patagonie, de la Terre de Feu, du Chili, du Pérou ; *Legoarant de Tromelin* accomplissait un voyage autour du monde sur la corvette *la Bayonnaise* ; en 1830, *La Place* faisait, sur *la Favorite*, un autre voyage de circumnavigation, qui a fourni surtout de précieux documents hydrographiques sur les parages de la Cochinchine et du Tonkin ; les capitaines américains *Palmer* et *Pendleton* exécutaient dans la même année un voyage scientifique, et le capitaine *Lütke*, déjà si connu par d'autres grands travaux, faisait, dans plusieurs parties de l'Océan, des observations sur le pendule et la déclinaison de l'aiguille aimantée. N'oublions pas non plus le voyage autour du monde accompli de 1824 à 1826 par le baron de *Bougainville*, fils du grand circumnavigateur du dernier siècle, ni celui de *Duhaut-Cilly*, de 1826 à 1829, ni celui de l'Américain *Paulding*, en 1825 et 1826.

Les explorations de l'intérieur des terres ont compté, dans le commencement de ce siècle, un grand nombre de voyageurs savants et observateurs, qu'on peut mettre sans peine en parallèle avec les navigateurs dont nous avons esquissé les admirables efforts. Le plus illustre de tous est *Alexandre de Humboldt*, qu'on voit inaugurer glorieusement la géographie du siècle par son voyage dans l'Amérique espagnole, de 1799 à 1804, accompagné du botaniste *Bonpland*; il visite d'abord le pic de Ténériffe, il fait des recherches étendues sur la Nouvelle-Espagne, il s'élève sur les sommets des Andes, il parcourt les bassins de l'Orénoque et de l'Amazone, et rapporte les notions les plus diverses et les plus importantes sur l'état physique et politique de ces belles contrées.

La jeune république qui commençait ses brillantes destinées dans l'Amérique du nord était vivement intéressée à bien connaître ces vastes espaces à l'ouest du Mississipi qu'elle venait d'acquérir, mais où rien encore n'était fondé : elle y envoie, en 1804, *Lewis* et *Clarke*, qui franchissent les monts Rocheux, descendent la Columbia (l'Orégon) jusqu'à l'océan Pacifique, et laissent leurs noms à deux grands affluents de ce fleuve. *Pike* visita les sources du Mississipi et de l'Arkansas, en 1805; *Hunt* et *R. Stuart* parcoururent, en 1811 et 1812, l'étendue comprise entre le Mississipi et le Grand océan; le major *Long*, en 1819, examina avec soin de grands territoires entre ce fleuve et les monts Rocheux. Si nous portons nos regards vers l'Amérique méridionale, nous voyons *Watterton* faire trois excursions au Brésil et dans la Guyane en 1812, 1816 et 1820; *Head* parcourir, en 1825, les Pampas de la Plata, dont il a tracé les plus curieuses descriptions. *Alcide d'Orbigny* commença, en 1826, un grand voyage scientifique, qui a embrassé le Brésil, la Plata, l'Uruguay, le Chili, le Pérou, et surtout la Bolivie. Déjà, en 1806, un de nos compatriotes, l'ingénieur *Sourryère de Souillac* avait fait dans ces contrées une remarquable reconnaissance pour l'établissement d'une nouvelle route entre Buenos-Ayres et le Chili.

Basil Hall n'est pas seulement connu comme un habile navigateur ; il a souvent quitté son navire, pour observer l'intérieur des terres : c'est ainsi qu'en 1820 et 1821 il vit une partie du Chili, du Pérou, du Mexique ; en 1827 et 1828, il parcourut les États-Unis, où *mistress Trollope* faisait en même temps un voyage destiné surtout à l'étude des mœurs.

En 1827 et 1828, *Maw* traversa tout le continent de l'Amérique méridionale, de l'océan Pacifique, sur la côte du Pérou, à l'Atlantique, en descendant l'Amazone. Le prince *Maximilien de Wied-Neuwied* vit le Brésil en 1815 ; *Langsdorf*, en 1824 ; mais les plus importants voyages faits dans ce pays pendant le premier quart de ce siècle sont sans doute ceux d'*Auguste de Saint-Hilaire*, d'*Eschwege*, et de *Spix* et *Martius*.

Mentionnons encore les voyages de *Bullock* et de *R. W. Hardy* au Mexique, en 1823 et 1825; celui de *Mollien* dans la Colombie, à la même époque; celui de *Walsh* au Brésil, en 1828 et 1829.

L'extraordinaire puissance que l'Angleterre a acquise dans le sud de l'Asie a fait faire d'immenses progrès à la géographie de cette partie du monde : l'Hindoustan a été visité d'abord dans toutes ses parties, et il a été un centre de civilisation d'où les voyageurs se sont élancés de toutes parts sur les régions voisines : *W. Lambton* parcourt le sud de cette presqu'île en 1804 ; en 1808, *Webb*, *Raper*, *Hearsay*, explorent le cours du Gange; en 1812, *Moorcroft* franchit les monts Himalaya et parcourt le Tibet; de 1814 à 1820, *Fraser*, *Hodgson*, *Gerard*, font, dans les monts Himalaya et d'autres parties de l'Asie centrale, les plus fructueuses excursions; *Skinner* et *Johnson* marchèrent sur leurs traces, de 1826 à 1828. De 1824 à 1826, *Heber*, évêque de Calcutta, visite les principales provinces de l'Inde, dans un but à la fois scientifique et religieux. *Conolly* parcourut le nord-ouest de cette même contrée, l'Afghanistan et la Perse, en 1830. *Elphinstone* a vu à peu près les mêmes pays. *Victor Jacquemont*, un de nos naturalistes les plus spirituels et les plus instruits, visitait, en 1828, 1829 et 1830, une partie de l'Inde, où il devait bientôt trouver la mort, mais en laissant des peintures charmantes, qui resteront comme une œuvre littéraire et savante en même temps.

Lord *Crawfurd* fut chargé, en 1822, d'une ambassade à Siam, qui fut très-fructueuse pour la géographie de l'Indo-Chine, ainsi qu'un voyage qu'y fit *Finlayson* vers le même temps. Lord *Valentia* visita le sud de l'Asie en 1813, et le naturaliste *Leschenault*, en 1816.

Un autre ambassadeur, lord *Amherst*, s'était rendu à Pé-king, en 1816, par la mer Jaune et le Paï-ho, et était revenu à Canton, par l'intérieur de la Chine. Le Russe *Timkovski* fit aussi un voyage à la capitale du Céleste-Empire, en 1820.

De nouveaux efforts avaient été tentés par la Russie pour lier des relations de commerce avec le Japon : en 1803, elle y avait envoyé *Resanov* comme ambassadeur, sur un navire que commandait l'illustre *Krusenstern*; *Golovnin*, autre Russe, y aborda en 1811, fut retenu prisonnier, mais eut le bonheur de recueillir de bons renseignements sur cet empire. Malgré la difficulté d'y pénétrer, un savant Allemand, *Siebold*, put y séjourner de 1823 à 1830, et il en a rapporté les plus intéressants documents.

Nous retrouvons encore en Asie, à la même époque, un autre savant Allemand, le modèle des voyageurs, *Alexandre de Humboldt*, qui visitait les monts Ourals et la Sibérie, avec *Rose* et *Ehrenberg*.

Mouraviev, *Meyendorff*, *Abbot*, ont parcouru le Turkestan. *Ad. Erman* a fait, de 1828 à 1830, le tour du monde, en passant par l'Asie septentrionale et les océans Pacifique et Atlantique.

Nous ne pourrions citer tous les voyageurs qui se pressent sur ces terres classiques baignées par la Méditerranée, la mer Noire, la mer Rouge et la mer

Caspienne; les souvenirs religieux, les ruines vénérables de l'antiquité, le voisinage de l'Europe, y ont presque constamment attiré de nombreux visiteurs. Choisissons quelques-uns des noms les plus célèbres : *Chateaubriand*, qui a revêtu d'un style magique son Itinéraire à Jérusalem ; *J. B. L. J. Rousseau*, qui a décrit exactement la Syrie et la Babylonie ; *Truilhier, Dupré, Gardanne, Am. Jaubert,* qui ont parcouru la Turquie d'Asie et la Perse ; *Corancez, Kinneir, Leake, Buckingham,* qui ont surtout exploré l'Asie Mineure ; *Burckhardt, Seetzen, Sadlier,* qui ont donné sur l'Arabie de si utiles renseignements ; *Parrot*, qui a gravi l'Ararat. *Morier* et *Ker-Porter* ont visité la Perse.

Voyons quels efforts avaient été tentés, pendant la période que nous venons de parcourir, pour dévoiler certaines parties de la mystérieuse Afrique. *Mungo-Park* entreprit une nouvelle exploration du Niger en 1804, et déjà il avait descendu ce fleuve sur un grand espace, lorsqu'il périt à Boussa, victime, croit-on, d'une cataracte. L'Espagnol *Badia*, plus connu sous son nom arabe d'*Ali-bey*, explora avec beaucoup de fruit la Barbarie et l'Égypte, de 1803 à 1808, en se faisant partout passer pour musulman.

C'est surtout l'Égypte, ce sont les rives fameuses du Nil, les côtes de la Cyrénaïque et les oasis des déserts de Libye qui attirent les voyageurs : *Frédéric Cailliaud, Drovetti, Della Cella, Belzoni, Pacho, Champollion, Light, Lyon, Senkosky,* lord *Prudhoe, Scholz, Beechey,* foulent ce sol classique du nord-est de l'Afrique ; *Rüppell* est un de ceux qui s'y avancent le plus dans le bassin du Nil. *Salt* et *Seetzen* visitent l'Abyssinie et d'autres parties de la côte orientale.

La relation d'un matelot américain, *Robert Adams*, qui avait été, disait-il, emmené en captivité à Tombouctou en 1810, mais dont le récit a laissé des doutes, réveilla l'attention de l'Europe sur cette importante ville du centre de l'Afrique, et excita le désir d'y pénétrer : *Denham, Clapperton* et *Oudney,* partant de Tripoli en 1823, s'avancent dans le Soudan ; Oudney succombe dès le début de l'expédition ; mais ses deux compagnons pénétrèrent dans des contrées jusque-là inconnues. Denham explore particulièrement le lac Tchad et le pays de Bournou ; Clapperton s'enfonce dans le Haoussa, voit avec étonnement le grand et florissant empire des Fellatah ; il est reçu avec bienveillance par Bello, leur sultan, qui lui donne, sur une carte géographique dessinée de sa main, les premières notions justes qu'on ait eues sur le cours inférieur du Kouarra ; et l'on sait désormais que ce fleuve coule au sud, vers le golfe de Guinée, et non à l'est, vers le Nil ou vers un grand lac central, comme on se l'imaginait généralement. Clapperton est invité par Bello à revenir dans ses États ; il s'y rend, en effet, par la route de Guinée, en 1825 ; mais des conseillers perfides avaient, dans l'intervalle, changé les dispositions du souverain : l'infortuné voyageur est mal accueilli cette fois, il n'a même pas la permission de séjourner dans la capitale, Sakkatou ; accablé de fatigue et miné par la fièvre, il n'a pour asile qu'une cabane construite à la hâte, dans la campagne voisine, au milieu de la saison des pluies ; il y meurt, et son fidèle domestique, ou plutôt son ami, *Richard Lander*, qui depuis est devenu à son tour un voyageur célèbre, élève un modeste tombeau à celui qu'il vient de perdre, puis regagne la côte de Guinée, plein du désir de compléter les découvertes de son maître. Il est chargé par le gouvernement anglais, en 1830, d'explorer le cours inférieur du Kouarra (Niger); accompagné de son frère, *John Lander*, il arrive de Badagry à Boussa, et descend ce fleuve jusqu'à son embouchure; mais ces deux estimables jeunes gens, auxquels on doit la connaissance précise de la direction inférieure d'un fleuve si important, éprouvèrent dans ce voyage difficile les plus cruelles vicissitudes, tantôt retenus captifs par des souverains nègres, tantôt manquant de barque, tantôt brutalement séparés l'un de l'autre, et même, à la fin de leurs courses pénibles, en butte à la mauvaise volonté de leurs propres compatriotes.

Cependant de courageux explorateurs tentaient d'arriver enfin à la mystérieuse Tombouctou : le major *Laing*, déjà connu par un voyage dans l'intérieur de la Sierra-Leone, en 1822, y parvint le premier, en 1826; mais il n'eut pas le bonheur de rapporter ses documents en Europe : il fut assassiné, pendant son retour, par un guide perfide. En 1828, *Caillié*, sans ressources cependant et sans beaucoup d'instruction, mais entraîné par une noble curiosité, par la passion des voyages, arrive à son tour dans cette ville célèbre; il s'était avancé de la Sénégambie dans le bassin du Kouarra, en se mêlant, sous l'apparence d'un pèlerin arabe, aux voyageurs et aux commerçants africains. De retour en Europe, après les courses les plus extraordinaires et les plus fatigantes, il ne reçut pas du public l'accueil que ses découvertes et ses louables efforts auraient dû lui procurer : on ne crut pas d'abord à la véracité d'un homme qui avait accompli, seul et sans aide, des choses si difficiles, et l'on ne rendit qu'une tardive justice à sa belle exploration. *Douville* rapportait, vers le même temps, de nombreux renseignements sur les pays de l'intérieur situés entre la Guinée inférieure et le Zanguebar, et qu'il avait, dit-il, parcourus de 1828 à 1830; mais des doutes graves se sont élevés sur la réalité de ce voyage.

Cochelet, jeté par un naufrage sur la côte nord-ouest de l'Afrique, en 1819, a donné quelques bons renseignements sur le Sahara maritime et l'empire de Maroc. *Mollien*, échappé au terrible naufrage de *la Méduse*, en 1816, parcourut la Sénégambie de 1816 à 1818; l'expédition anglaise de *Gray*, *Dochard* et *Partarrieau* explora le même pays, de la Gambie au Niger, de 1817 à 1821; *Bowdich* et *Hutton*, dans le même temps, visitèrent l'Achanti, et augmentèrent beaucoup nos connaissances sur la Guinée. *Jackson* voyagea au Maroc, en 1809. *Tuckey* examina le cours inférieur du Zaïre, en 1816. Citons encore l'exploration que *De Beaufort* a faite au Sénégal, en 1824.

Dans l'Afrique méridionale, d'intéressants voyages avançaient aussi puissamment la géographie : *Burchell*, de 1810 à 1815, alla du Cap à Litakou, et rapporta de nombreux documents et une riche collection d'animaux, de plantes et de minéraux. Le missionnaire *Campbell* visita l'intérieur de la colonie du Cap en 1812, et y fit une plus importante excursion en 1820. En 1823 et 1824, *Thompson* parcourut cette même colonie, et s'avança dans le pays des Hottentots.

Les îles d'Afrique ont été visitées et décrites par un grand nombre de voyageurs et de naturalistes, parmi lesquels nous avons déjà mentionné *Humboldt* et *Bonpland* ; citons encore *Bory de Saint-Vincent*, et, spécialement pour Madagascar, *Leguével de Lacombe* ; pour les Canaries, *Léopold de Buch*, *Webb* et *Berthelot*.

Cependant l'intérieur de l'Australie restait plus complétement inconnu encore que celui de l'Afrique : *Macquarie*, gouverneur de la Nouvelle-Galles méridionale, résolut de dévoiler une partie du mystère dont cette région était couverte : il s'avança, en 1815, avec sa femme et toute sa famille, vers les montagnes Bleues, jusqu'alors non franchies ; il les traversa et découvrit le beau fleuve auquel il a laissé son nom. *Oxley*, autre gouverneur, entreprit aussi un voyage dans l'intérieur, en 1817, et parcourut les bassins de ce même fleuve Macquarie et du Lachlan. De 1824 à 1826, *Cunningham* explora la Nouvelle-Galles méridionale, et il a donné surtout de nombreux et intéressants détails sur les indigènes. En 1829 et 1830, le capitaine *Sturt* découvrit le Darling et descendit le Morrumbidgee. *D. H. Kolff* et *J. Modera* ont visité la Nouvelle-Guinée de 1825 à 1828.

Les voyages en Europe, ne sollicitant pas notre curiosité par de grandes découvertes et des notions bien neuves, offrent moins d'intérêt que les voyages dans les autres parties du monde. Nous ne pouvons omettre cependant celui de *Pouqueville* en Grèce, de 1798 à 1801, parce qu'il a fait faire de véritables progrès à la géographie moderne de ce pays célèbre ; ni celui de *Vialla* dans les gorges âpres et encore si peu connues du Montenegro, en 1810 ; ni les remarquables excursions de *Clarke* dans la Norvége, la Suède, la Finlande, la Russie, la Crimée, la Circassie, la Grèce, la Turquie, de 1799 à 1802. Ajoutons le voyage de *Chandler* en Grèce, en 1806 ; de *Lyall* dans la Russie méridionale, en 1822 ; celui de *Capel Brooke* dans la péninsule Scandinave et jusqu'au cap Nord ; l'exploration géologique si remarquable qu'a faite de cette même péninsule le savant *Léopold de Buch* ; l'itinéraire de Constantinople en Angleterre par *Walsh*, de 1822 à 1825. *Tromelin*, qui a longtemps séjourné en Turquie, a donné sur cet empire de nombreux documents. *Fauvel*, par son long séjour en Grèce, a rendu de même des services remarquables à la géographie et à l'archéologie.

Cette énorme barrière qui sépare l'Europe de l'Asie, le Caucase, fut explorée par *Klaproth*, en 1807 et 1808 ; par *Steven*, en 1810, et par *Gamba*, de 1820 à 1824.

L'expédition scientifique que la France envoya en Grèce à la suite de la guerre entre les Grecs et les Turcs a donné les plus heureux résultats pour la géographie de cette contrée classique, dont nous possédons aujourd'hui une excellente carte topographique, grâce aux officiers français.

Parlons maintenant de ceux qu'on appelle quelquefois dédaigneusement *géographes de cabinet*. Privés du bonheur de parcourir cette Terre qu'ils décrivent, ils ne la connaissent pas moins cependant que les voyageurs dont ils coordonnent les travaux : ils font, des relations diverses, un ensemble lumineux ; ils ont à classer tant de détails souvent contradictoires, à démêler la vérité à travers bien des erreurs, et ils se chargent de livrer au public, sous la forme d'un ouvrage ingénieux et méthodique, ou sous celle d'une carte claire et pittoresque, les connaissances qui, sans leur secours, seraient un chaos inextricable. Ayons donc du respect aussi pour ces hommes estimables et savants, qui font, courbés sur leur table de travail, l'exploration du monde, et voyons quels sont, dans cette noble étude, les successeurs de d'Anville.

En France, *Gosselin* continuait ses savantes recherches sur la géographie ancienne ; *Mentelle* faisait des travaux plus considérables que profonds. *Malte-Brun*, qui fut quelque temps collaborateur de Mentelle, composa seul ensuite cette grande Géographie qui a fait une révolution dans la littérature géographique, et il y a joint un grand nombre d'autres écrits sur son étude favorite. *Walckenaer* a revêtu d'un style élégant tantôt des traités généraux, tantôt d'ingénieuses dissertations de géographie historique, ou des descriptions de l'Afrique et de l'Océanie, et il a commencé une Histoire générale des Voyages, qui, entreprise sur un plan trop vaste, n'a pu être achevée. *Letronne*, dans la géographie critique, a montré la sagacité de son esprit. *Langlès* a décrit les pays occupés par les Arabes et les Hindous. *Abel Rémusat* et *Klaproth* ont écrit sur la Chine ; *Rossel*, *Willaumez*, sur la géographie maritime ; *Jomard*, *d'Avezac*, sur l'Afrique, la cartographie du moyen âge, la géographie critique ; *Warden*, sur les États-Unis ; *Eyriès, Larenaudière, Albert-Montémont, Bajot, J. Mac-Carthy*, sur les voyages ; *Lamouroux*, sur la géographie physique ; *Adrien Balbi*, sur la statistique et l'ethnographie ; *Fortia d'Urban, Latreille*, sur la géographie ancienne ; *S. Lacroix, Corabœuf, Puissant*, le *baron de Zach*, sur la géographie mathématique ; *Bory de Saint-Vincent*, sur divers sujets, où il brillait surtout quand il s'agissait d'appliquer l'histoire naturelle à la géographie. *Roux de Rochelle* a coloré de son agréable style bien des descriptions géographiques. L'abbé *Gaultier, Ansart, Letronne* ont composé de bons traités élémentaires. *Bruguière* a fait une belle orographie de l'Europe. *Huot*, savant collaborateur et élève de Malte-Brun, a continué le grand ouvrage de son maître, en y mêlant peut-être un peu trop de ces connaissances géologiques auxquelles il s'était plus particulièrement voué. *Choris* a écrit un Voyage pittoresque autour du monde, surtout d'après les expéditions de Kotzebue. *Vaysse de Villiers* a fait un grand Itinéraire de la France ; *Boucher de La Richarderie*, une Bibliothèque universelle des Voyages.

Dans cette période, furent fondés les importants recueils des *Annales des Voyages* et du *Journal des Voyages* : le premier, dirigé d'abord par *Malte-Brun*, puis par *Eyriès* et *Malte-Brun*, ensuite par *Eyriès, Larenaudière* et *Klaproth* ; le second, par *Verneur*. Le *Bulletin universel de Férussac* contenait une importante section géographique, confiée à *Dezos de La Roquette, Aubert de Vitry, Depping*, etc. La *Société de géographie*, créée en 1821, donna une vive impulsion à notre belle science, et, par son *Bulletin* et ses *Mémoires*, a contribué puissamment à répandre des notions jusqu'alors assez négligées du public. La *Société asiatique* donnait, sur tous les pays de l'Orient, d'intéressants détails géographiques. La *Commission d'Égypte* achevait son grand et bel ouvrage, dont *Jos. Fourier* a fait la remarquable introduction. Mentionnons aussi une publication considérable, le *Dictionnaire géographique universel*, par une *Société de géographes*, connu généralement sous le nom de ses éditeurs *Kilian* et *Picquet*, mais à la rédaction duquel l'auteur de ce Coup d'œil historique doit dire qu'il a pris la plus grande part.

Les deux principaux cartographes français de cette période sont *Lapie* et *Brué*, le premier plus savant, plus universel, le second plus clair, plus minutieux, et l'un et l'autre d'une grande élégance de dessin. *Dufour* a marché sur leurs traces. *J.-D. Barbié du Bocage* s'est distingué surtout par ses cartes de géographie ancienne et par son atlas pour le *Voyage du jeune Anacharsis* de l'abbé Barthélemy ; ses deux fils, *Guillaume* et *Alexandre*, ont été aussi des géographes instruits. *Denaix* a jeté les fondements d'une géographie et d'une cartographie naturelles, très-rationnelles et très-scientifiques, établies principalement sur le partage des eaux ; mais il en a peut-être exagéré les excellents principes. Il a donné des cartes physiques et historiques qui seront toujours comptées au nombre des plus consciencieux travaux. Avant lui, au commencement de notre siècle et à la fin du XVIIIe, *Dupain-Triel* avait eu également de bonnes idées de classification naturelle, et les avait appliquées à des cartes de France, en même temps que *Chanlaire* et *Capitaine* donnaient, sur notre pays aussi, des cartes topographiques très-considérables, comme *Bacler d'Albe* en composait sur l'Italie. *Jacotin* est bien connu par ses cartes d'Égypte et de Palestine ; *Raymond*, par ses cartes militaires des Alpes ; *Charle*, par des cartes très-diverses ; *Desmadryl*, par des cartes topographiques.

Parlons encore des cartes militaires du général *Jomini*, de *Gouvion-Saint-Cyr* ; des cartes assez nombreuses de *Hérisson*, de *Poirson*, de *Perrot* et *Aupick*, des deux *Charles Picquet*, de *Delamarche*, d'*Ambroise Tardieu* ; des cartes d'Espagne et de Portugal que faisait à Paris *Calmet de Beauvoisin* ; de la carte topographique et minéralogique du Puy-de-Dôme, par *Desmarets* ; des globes de *Dien* ; de l'atlas de *L. Vivien* ; de l'atlas de *Le Sage* (*Las Cases*), plus riche en faits historiques bien présentés qu'en notions géographiques.

Coquebert-Montbret et *Omalius* d'*Halloy* ont fait une carte géologique de France, un des premiers essais de cette branche de la science qui a depuis acquis tant de développement et produit des œuvres si remarquables.

Mais deux grands établissements surtout ont doté la France de nombreux et magnifiques travaux cartographiques : nous voulons parler du *Dépôt de la guerre* et du *Dépôt de la marine*. Les anciens *ingénieurs géographes* et les *officiers d'état-major* ont réuni dans le premier toute la topographie de notre pays et de plusieurs contrées voisines ; le plus bel ouvrage qu'ait produit ce dépôt est la grande carte de France, gravée au quatre-vingt millième, et dont les premiers travaux géodésiques et astronomiques rappellent les noms de *Bonne, Henry, Brousseaud, Corabœuf, Peytier, Nicollet, Delavigne, Pellegrini, Largeteau, Delcros, Béraud*, etc. Le second compte, parmi ses hydrographes, *Rosily, Rossel, Beautemps-Beaupré*, qui a présidé avec tant de talent à la confection du *Pilote français* ; *Daussy, Gauttier* et plusieurs autres que nous nommerons dans la période suivante.

La *direction des ponts et chaussées* a aussi produit des ouvrages remarquables, tels que la carte de la navigation de la France, par *Dubréna*.

Les bons graveurs en géographie ne doivent pas être passés sous silence : s'ils interprètent bien la pensée du géographe, s'ils donnent même souvent plus de vigueur et d'élégance à son dessin, ils méritent notre reconnaissance. C'est ainsi que *Guillaume Delahaye* avait bien rendu les cartes de d'Anville; depuis, on a remarqué les gravures géographiques des *Tardieu*, de *Bouclet*, de *d'Houdan*, des *Picquet*, de *Chamoin*, d'*Orgiazzi*, de *Collin*, de *Blondeau*, de *Barrière*.

Pendant cette période, la docte Allemagne, dans laquelle nous comprendrons la Prusse et l'Autriche, n'a pas été moins féconde que la France : *Mannert* y continuait, au commencement du siècle, ses travaux sur la géographie ancienne, que *Reichard* a enrichie à son tour d'ingénieux écrits et de cartes excellentes. *Ukert* a suivi aussi la même branche. *Möller* et *Bischoff* ont composé un dictionnaire de géographie comparée, qui est le modèle des ouvrages de ce genre. *Kruse* a donné un bel atlas de géographie historique, où le texte n'est pas moins intéressant que les cartes. *Stein* a fait des traités généraux et un grand dictionnaire; *Hassel, Gaspari* et *Cannabich* ont présenté avec clarté la géographie moderne dans un des plus volumineux ouvrages du siècle. *Zeune, Reinganum*, ont composé des travaux divers et estimés. *Liechtenstern* est connu à la fois par ses traités généraux, ses ouvrages statistiques sur l'Allemagne et ses bonnes cartes. Mais de tous les géographes qui se sont élevés dans cette période, à côté et comme par l'inspiration de leur vénérable compatriote *Alexandre de Humboldt*, le plus célèbre est sans doute *Carl Ritter*, qui a commencé, en 1822, sa grande Géographie en rapport avec l'histoire de l'homme. Nommons aussi *Katancsich*, qui a donné un travail étendu sur la Table de Peutinger.

Au milieu des nombreux cartographes allemands qui se présentent dans cette partie du siècle, distinguons *Weiland, Riedl*, auteurs de cartes diverses; *Lipszky*, qui a fait une excellente carte de Hongrie; *Lecoq*, qui en a donné une, non moins estimée, de la Westphalie; *Reymann, Engelhardt, J.-M.-P. Schmidt, Müller*, qui ont composé des cartes très-détaillées de plusieurs pays d'Europe et particulièrement de l'Allemagne et de la Russie; *Benicken, Kœrcher*, connus par leurs atlas de géographie ancienne; mais surtout *Stieler* et *Berghaus*, que nous verrons, dans la période suivante, continuer leur brillante carrière dans la géographie générale, et dont on ne peut trop louer le dessin si pur, les détails si consciencieusement placés. Il ne faut pas omettre les cartes de *Schouw*, destinées à la géographie des plantes.

D'importants établissements ont été les centres des plus intéressants travaux géographiques : signalons surtout *l'état-major autrichien, l'état-major prussien, le Bureau topographique impérial de Vienne, l'état-major et le Bureau topographique bavarois, le Bureau topographique badois, le Bureau topographique de Stuttgart, l'Institut géographique de Weimar*.

La Société géographique de Berlin, fondée en 1827, a contribué à entretenir les bonnes traditions géographiques dans l'Allemagne, où cette branche d'études, nous devons l'avouer, a toujours été plus populaire qu'en France.

En Angleterre, *James Rennell* suivait, au commencement du siècle, une impulsion semblable à celle qui poussait le Français Gosselin et l'Allemand Mannert vers la géographie ancienne ; il a fait faire de grands progrès à cette géographie, en même temps qu'à celle de l'Inde, par ses dissertations et par ses cartes. *Cramer, Wickham, W. Gell, Leake, Spencer Stanhope*, se sont livrés à de bonnes études sur la Grèce, l'Italie et l'Asie Mineure anciennes. *Guthrie, Pinkerton, James Playfair*, ont fait de grands traités généraux ; *J. Goldsmith*, un traité élémentaire très-estimé. *Hamilton* a décrit l'Hindoustan ; *Mac-Queen*, l'Afrique. *Capper* a donné un bon dictionnaire de l'Angleterre. L'*Edinburgh Gazetteer* est un grand dictionnaire universel, où, à côté de bons articles, fourmillent des erreurs. *Malham* a fait un important *Naval Gazetteer*. *John Barrow* publia, en 1818, une célèbre Histoire des Voyages aux régions arctiques. *Marsden* a traduit la relation de Marco-Polo.

Le plus célèbre cartographe anglais de cette période est *A. Arrowsmith*, dont les cartes, généralement d'un format très-grand, trop grand peut-être, se font remarquer par un dessin élégant et hardi, plus quelquefois que par une très-sévère exactitude ; on voit avec intérêt, sur les bords de ces belles cartes, des vues très-pittoresques, des figures diverses, qui rappellent fort heureusement l'aspect ou les productions des pays représentés.

Viennent ensuite *J. Cary, J. Wyld, J. Purdy*, connus par leurs cartes diverses ; *Horsburgh, Walker*, qui en ont donné de bonnes sur l'Asie méridionale. *De la Rochette* a dessiné l'Amérique méridionale ; *Ainslie*, l'Écosse. Mais admirons surtout les cartes de *l'Amirauté anglaise*, et, parmi les hydrographes de cette illustre amirauté, signalons *W. H. Smyth*, qui a fourni sur la Méditerranée les plus beaux travaux. Le colonel *Mudge* a fait des cartes excellentes des côtes d'Angleterre, et a présidé à la confection des premières feuilles de la grande *Ordnance Map* de ce royaume. *Greenough* a composé une célèbre carte géologique du même pays.

En 1830, fut créée la *Société géographique de Londres*, dont les publications, les relations étendues, les récompenses brillantes accordées aux voyageurs, ont fait faire de grands progrès à la connaissance du globe.

Les États-Unis ont, dès leur origine, attaché beaucoup de prix aux études géographiques. Au milieu des nombreux travaux destinés à y propager ces études, nous distinguons les traités, le dictionnaire et les atlas de *Worcester* et les cartes de *Tanner*.

En Italie, *Zurla* s'est livré à la géographie historique. *Adr. Balbi* y a commencé sa laborieuse carrière, et il y publiait une géographie générale en 1817. *Rizzi-Zannoni* a rédigé de nombreuses et bonnes cartes, qui ont eu surtout sa patrie pour objet. *Maire* et *Boscovich* ont opéré de savantes mesures à trasver l'Italie centrale, et ont donné une carte exacte des États de l'Église. *Litta* a fait aussi une carte d'une grande partie de ces États. Le *Dépôt de la guerre de Milan*, créé sous Napoléon, a produit d'excellents travaux pour le nord de l'Italie, comme *le Dépôt topographique de Naples* en a offert, depuis, pour le midi. *Vacani* a composé un atlas militaire pour les guerres de la Péninsule.

En Espagne, nous n'avons guère à citer que les ouvrages d'*Antillon* et de *Miñano* sur l'Espagne même ; les belles recherches de géographie historique de *Navarrete* ; les cartes de *la Direction hydrographique de Madrid*. Le Portugal était alors à peu près stérile ; le Brésil, sa dépendance, voyait paraître la Chorographie brésilienne de *Cazal*.

La Suisse nous offre les descriptions qu'*Ebel* et *Lutz* ont faites de leur pays ; les cartes de *J. H. Weiss* et de *Keller*, consacrées aussi à cette intéressante république.

Les Pays-Bas se sont montrés moins féconds en géographie que dans ces xvie, xviie et xviiie siècles, où ils inondaient l'Europe de leurs cartes de toutes les valeurs. On ne peut guère signaler, comme des travaux considérables, que les cartes de ce royaume par *Van Baarsel, C. Muller, Krayenhoff*, la carte topographique et militaire de la partie méridionale du royaume, au seize millième, et la carte des colonies néerlandaises par *Van den Bosch*.

La Russie a été décrite par le bon dictionnaire de *Vsévolojsky*. *Piadichev, Akhmatov*, ont donné des cartes de cet empire, et *le Dépôt impérial de Saint-Pétersbourg* a été le centre de travaux géographiques et topographiques très-importants.

Le Danemark, qui avait produit *Malte-Brun*, mais qui avait perdu le droit de l'appeler un de ses enfants, a vu s'élever une compagnie importante pour la géographie des régions septentrionales, *la Société des Antiquaires du nord*, dont un des membres, *Ch. Rafn*, a fait particulièrement d'intéressantes découvertes dans la géographie historique du Groenland et des pays scandinaves. On remarque les cartes du Danemark par *Gliemann*. *L'administration de la marine danoise* a surveillé avec soin la cartographie des côtes de cette monarchie et des régions voisines. Quoique d'une origine scandinave, *Gråberg de Hemsö* a plus décrit l'Europe méridionale et l'Afrique septentrionale, où il a longtemps habité, que le nord de l'Europe ; il a fait aussi de bons traités généraux. Enfin la Turquie et la Grèce, même avant leur régénération, ne se sont pas tenues tout à fait en dehors du mouvement scientifique du premier quart du siècle : un atlas turc était publié à Constantinople, en 1804 ; un savant Grec, *Coray*, donnait à Paris une édition de Strabon ; *Anthime Gazy* faisait à Vienne des cartes diverses ; *Anthémius* publiait une géographie générale ; *Palma* a fait une carte grecque de la Turquie.

DEUXIÈME PÉRIODE

de 1830 à 1856.

Il nous reste à parcourir un espace de vingt-six années, pendant lequel le mouvement géographique a été vaste et brillant. La longue paix de l'Europe y entraîne d'abord un luxe et des besoins variés, qui appellent des relations commerciales immenses, une industrie active ; elle permet à des expéditions lointaines de se diriger sur tous les points, et de recueillir des notions nouvelles ; un esprit général de recherche, de curiosité, de critique, anime cette période ; tout à coup éclate une révolution redoutable, qui trouble un instant les investigations géographiques ; ensuite une guerre terrible, qui embrase l'Orient, y concentre presque entièrement ces investigations pendant quelque temps ; mais l'élan général de la science reprend sa marche avec le retour de la paix, et devant nous s'offre de nouveau un bel horizon.

Il est difficile de bien peindre un mouvement où l'on est soi-même entraîné : les préférences, les rivalités, peuvent dénaturer le jugement de l'écrivain. Efforçons-nous, néanmoins, de conserver la plus pure impartialité. Montons sur la hauteur lumineuse d'où l'histoire contemple les hommes s'agitant au loin dans les champs inférieurs, théâtres de leurs travaux et de leurs luttes. Nous sentons dans le fond de notre âme l'équité nécessaire pour apprécier nos contemporains ; car l'aigreur d'une critique injuste est loin de notre caractère, et, d'un autre côté, une heureuse indépendance nous écarte, autant que nos goûts, de toute vaine flatterie.

Examinons d'abord les voyages entrepris pendant cette période. M. *Poultier*, commandant *la Zélée*, et M. *La Place*, commandant *la Favorite*, terminaient, au commencement de cette période, leurs voyages autour du monde. Le capitaine *Ph. King* achevait l'exploration des côtes de la Patagonie, et particulièrement du détroit de Magellan. Le capitaine *Beechey* faisait la suite de ce travail hydrographique, en relevant la côte occidentale de l'Amérique. M. *Chromtchentko*, navigateur russe, découvrait ou visitait avec soin plusieurs îles de l'Océanie, et le Grand océan était presque en même temps parcouru par le commodore américain *Downes* et le capitaine prussien *Wendt*. Les officiers français continuaient leurs travaux hydrographiques sur les côtes du Brésil.

Nous avons déjà dit comment le capitaine *John Ross* avait été emprisonné dans les glaces du nord de l'Amérique, et ramené heureusement dans sa patrie. Le capitaine *Back*, envoyé à sa recherche du côté du continent, n'en continua pas moins sa fructueuse et difficile excursion, qui a duré de 1833 à 1835. Il parcourut, jusqu'à son embouchure, le grand fleuve qui a pris son nom. Il passa deux terribles hivers dans ces tristes solitudes, où il éprouva toutes les rigueurs d'un froid qui congèle le mercure. Le capitaine *James Ross*, neveu de sir John, a fait, pendant l'expédition de son oncle, à laquelle il prenait part, d'importantes observations de physique; il a trouvé le pôle magnétique boréal : c'est par 70° 5′ 17″ de latitude nord, et 99° 6′ 12″ à l'ouest de Paris, qu'il observait la position verticale de l'aiguille d'inclinaison. M. *Duperrey* a, de son côté, établi la position de l'équateur magnétique. L'Europe, champ généralement peu fécond en découvertes géographiques, voit, en 1831, sortir du milieu des eaux de la Méditerranée, à peu de distance des côtes sud-ouest de la Sicile, une île qui paraît avoir été soulevée par une force volcanique très-active, et qui présentait l'aspect d'une terre couverte de laves et de cendres. Des navigateurs français s'empressèrent de venir saluer cette nouvelle terre, qui pouvait avoir un demi-mille de circonférence. On signala plusieurs particularités, et surtout une colonne de vapeur qui s'élevait presque toujours au-dessus de l'île. On lui a donné le nom de *Julia*, à cause de son apparition au mois de juillet; mais elle a disparu depuis, sans doute sous les efforts des vagues.

Jules de Blosseville, commandant *la Lilloise*, s'avançait dans l'océan Glacial et se trouvait vers la côte orientale du Groenland en 1833; mais on cessa d'avoir de ses nouvelles. Les capitaines *Dutaillis* et *Tréhouart* allèrent vainement à sa recherche. L'infortuné navigateur et ses compagnons ont été, sans doute, victimes des glaces funestes qui se trouvent dans ces affreux parages.

Une triste expédition avait lieu, en même temps, sous le ciel brûlant de l'Afrique. *Richard Lander*, que nous avons déjà suivi sur le Kouarra, y retourna en 1832, avec divers officiers, MM. *Mac-Gregor Laird*, *R. A. K. Oldfield*, *W. Allen*, et remonta d'abord le Rio Noun, une des branches principales de ce grand fleuve; deux bateaux à vapeur, *le Kouarra* et *l'Albarakah*, et le brick *la Colombine*, étaient employés dans cette excursion, qui devait avoir pour résultat des relations commerciales avec les indigènes et l'exploration de la Tchadda, le principal affluent du fleuve. Mais l'entreprise fut des plus malheureuses : les attaques des indigènes, les maladies, suite peut-être de trop peu de précautions, un désaccord malheureux entre les chefs anglais, entraînèrent la perte de la plupart des voyageurs. Lander reçut lui-même une grave blessure dans un combat contre les nègres, et il en mourut peu de temps après, à Fernan-do-Po, au mois de février 1834.

Cette même Afrique était, sur d'autres points, le théâtre d'explorations hydrographiques d'une grande importance de la part des officiers anglais. Le capitaine *Belcher* continuait les relèvements de côtes qu'avaient commencés *Owen* et *Boteler*; le capitaine *Haines* relevait les parages de Socotora, comme il a exploré la côte méridionale de l'Arabie.

Le capitaine français *Gabriel Lafond* revenait d'un voyage aux Philippines et aux îles Soulou, qu'il a décrites d'une manière fort intéressante. M. *George Earl* visitait presque en même temps Bornéo, et, peu de temps après, M. *Van Wyk Rœlandszoon* faisait, sur les côtes d'une autre grande contrée de l'Océanie, une remarquable découverte, en trouvant le détroit qui sépare l'île Frédéric-Henri de la terre principale de la Nouvelle-Guinée.

En 1832, le capitaine *Biscoe*, que nous avons déjà suivi dans les parages antarctiques, y découvrait l'île Adélaïde, les îles Biscoe, la Terre de Graham; en 1833, le capitaine anglais *Kemp* s'avançait aussi dans les mers australes, et y voyait une terre nouvelle, vers 57 degrés de longitude est.

En 1835 et dans les années suivantes, l'Euphrate fut l'objet d'une exploration remarquable : le colonel *Chesney* parcourut ce fleuve sur un bâtiment à vapeur, en sonda partout les profondeurs, en étudia enfin toute la navigation, pour qu'on pût voir quel avantage il offrirait aux communications entre l'Europe et l'Inde. Le capitaine *Blosse Lynch*, son compagnon, examina de même le cours du Tigre.

En même temps, d'autres officiers anglais, le capitaine *Copeland* et ses collègues, relevaient soigneusement les côtes de la Turquie; tandis que des officiers français, M. *Bérard*, M. *de Tessan*, accomplissaient, sur les côtes de l'Algérie, des travaux hydrographiques de la plus haute importance; que le capitaine *Owen*, déjà connu par ses reconnaissances si étendues des côtes d'Afrique, faisait des opérations analogues dans l'Amérique centrale; et que les capitaines *Fitzroy*, *King* et *Belcher*, continuant, sur la côte occidentale de l'Amérique, les études hydrographiques de Vancouver et de Beechey, achevaient de fixer exactement sur les cartes cet immense développement de rivages.

Une période très-brillante dans l'histoire des circumnavigations est celle qui s'étend de 1835 à 1842; jamais peut-être, nous croyons, on ne vit, en aussi peu d'années, autant de grandes expéditions scientifiques accomplies autour du monde.

C'est ainsi qu'en 1836 et 1837, *la Bonite*, commandée par le capitaine *Vaillant*, recueillait une riche moisson de renseignements de toute nature. De 1837 à 1840, le capitaine (aujourd'hui amiral) La Place fit, sur *l'Artémise*, un second et important voyage de circumnavigation. L'intrépide *Dumont d'Urville*, qui déjà avait pris part à l'expédition de *la Coquille* en 1822, et que nous avons suivi, de 1826 à 1829, à travers l'Océanie, où il élevait un pieux monument au souvenir de La Pérouse, entreprit de nouvelles recherches en 1837, avec les navires *l'Astrolabe* et *la Zélée*. Il s'avance cette fois dans les mers antarctiques, et fait d'abord des explorations intéressantes dans cet archipel glacial qui s'étend loin au sud de la Terre de Feu. Il y découvre la Terre de Louis-Philippe, la Terre de Joinville; puis, s'avançant jusqu'au cercle polaire austral, il voit la Terre Adélie, la Terre Clarie, auxquelles il veut laisser les doux noms de sa femme, de son fils; il désirerait vivement pénétrer plus avant, dévoiler les mystères de la zone antarctique; mais des banquises impénétrables s'opposent à ses efforts, et il est obligé de revenir vers le nord. Pendant cette grande campagne, qui dura jusqu'en 1840, il fit de nombreuses et utiles observations dans l'Océanie équinoxiale et tempérée, cet ancien théâtre de ses savantes courses; il eut à courir les plus éminents périls, surtout dans le détroit de Torres : il vit de cruelles maladies, le scorbut, la dyssenterie, attaquer ses équipages; enfin, rentré en France, comblé des honneurs dus à ses grands travaux, entouré de l'estime et de la brillante considération qui s'attachaient à son mérite, il jouissait du fruit de ses longues fatigues, lorsque cet homme, qui avait échappé aux dangers de trois immenses voyages maritimes, périt, avec toute sa famille, dans la catastrophe d'un court chemin de fer, le 8 mai 1842, en revenant de Versailles à Paris !

Le lieutenant américain *Charles Wilkes* fit, de 1838 à 1842, une expédition antarctique et océanienne, que, pour l'importance et la hardiesse, on peut comparer à celle de notre célèbre compatriote. Il arriva, en janvier 1840, à des terres du cercle polaire que d'Urville avait vues le même mois, sans que l'un connût la découverte de l'autre; il aperçut, sur un espace de plus de 60 degrés de longitude, des traces de côtes qu'il prit pour celles de grandes terres, mais où il ne put descendre. Il visita avec soin, dans cette campagne, les îles Pomotou, les îles Samoa, diverses autres parties de la Polynésie, et couronna son beau voyage par l'exploration du cours inférieur de l'Orégon.

Cette année 1840, remarquable par les découvertes antarctiques de Dumont d'Urville et de Ch. Wilkes, fut aussi celle qui vit le capitaine James Clark Ross, commandant *l'Erebus* et *la Terror*, pénétrer dans ces mêmes mers australes que venaient de quitter les précédents navigateurs; il eut la gloire de s'y avancer encore plus loin qu'eux; il y découvrit la Terre Victoria, la contrée la plus méridionale que l'on connaisse, et y remarqua, par 77° 31' de latitude, les volcans Erebus et Terror, preuve irrécusable que ces masses méridionales ne sont pas de simples falaises de glace, mais un véritable sol, exposé, sous son manteau de neiges éternelles, à une vive action des feux souterrains.

Déjà, en 1839, le capitaine *Balleny* avait vu, un peu au delà du cercle polaire, des îles qui ont pris son nom, et, vers 64 degrés de latitude, une terre assez considérable qu'il nomma Sabrina.

Ainsi, la terre reconnue sur tant de points différents, depuis les Biscoe et les Morell, paraîtrait assez bien dessiner les contours d'un continent antarctique entourant le pôle sud, mais n'ayant rien de commun avec ce continent austral imaginaire qui était encore le rêve des géographes du xvie siècle.

Cependant l'amiral *Dupetit-Thouars*, commandant *la Vénus*, accomplissait, de 1837 à 1839, une belle circumnavigation, qui avait surtout pour but la protection des intérêts français dans l'Océanie, mais qui a fait aussi étudier de nouveau les côtes de la Californie, les Marquises, l'île de Pâques, les îles Taïti, etc.; M. *Dortet de Tessan*, qui l'accompagnait, a recueilli de nombreux renseignements scientifiques.

Vers le même temps, le commandant (aujourd'hui amiral) *Cécille* exécutait aussi une circumnavigation sur *l'Héroïne*, et protégeait dans le Grand océan les baleiniers français; à l'île Chatam, il châtiait sévèrement les insulaires, qui avaient indignement massacré l'équipage du *Jean-Bart*. L'hydrographie générale, la physique du globe, l'économie de la grande pêche, la géographie des côtes de la Nouvelle-Zélande, une collection précieuse de plantes et de bois, furent, en outre, les fruits de cette expédition.

Le commandant *Duhaut-Cilly* faisait, de son côté, une grande exploration sur le navire *l'Ariane*, et, parmi les observations auxquelles ce voyage a donné lieu, se font remarquer surtout celles dont fut l'objet le détroit de Magellan.

Distinguons aussi le voyage que fit, vers la même époque, dans le Grand océan, M. *Bernard*, commandant *le Pylade*; enfin, en 1841 et 1842, *la Danaïde*, commandée par M. *Ducampe de Rosamel*, parcourut cet océan et les mers de la Chine et de l'Inde.

A côté de ces grandes entreprises ordonnées par les gouvernements, signalons l'humble, mais cependant remarquable expédition privée de *la Dunkerquoise*, qui, en 1839 et 1840, sous le capitaine *Le Cozanner*, a pu doubler le cap de Bonne-Espérance, se livrer à une pêche très-fructueuse dans le Grand océan, recueillir des renseignements utiles, franchir les parages du cap Horn, et rentrer en France après un an et huit jours de navigation. Presque en même temps, le capitaine d'un autre navire de commerce, M. *Chauchard*, exécutait un voyage autour du monde, dont il a donné une relation intéressante.

Citons aussi la circumnavigation d'un riche touriste, M. *James Brook*, qui, monté sur son élégant yacht, *le Royaliste*, a vu avec détail, et profit pour la science, les îles de l'Océanie et particulièrement de la Malaisie.

En 1837 et dans les années suivantes, M. *Isidore Löwenstern* a fait son tour du monde aussi, au grand avantage de la géographie, mais non d'une manière continue et sur le même navire. Il s'est arrêté, en passant, au Mexique, qu'il a étudié.

Quelle que soit la longueur des courses de ces deux voyageurs, elle n'égale pas, sans doute, celle de l'énorme voyage de M. *de Hügel*. La plus longue promenade que jamais *touriste* ait faite, fut probablement exécutée par cet infatigable Allemand, qui, de 1831 à 1836, a vu la Syrie, l'Égypte, Bombay, parcouru l'Hindoustan méridional, Ceylan, la Malaisie, la Polynésie, est revenu par la Chine, par Calcutta, a gravi les monts Himalaya, et s'est arrêté, avant de revoir l'Europe, dans la délicieuse vallée de Cachemire, à laquelle il a consacré ses principales descriptions.

Reportons-nous un moment dans les régions du nord, et, avant de raconter les scènes émouvantes qui se rattachent à la perte d'un grand navigateur, suivons avec intérêt les nombreux et pacifiques travaux d'une commission scientifique française, qui, sous la direction de M. *Paul Gaymard*, et transportée par *la Recherche*, faisait, de 1835 à 1840, d'importantes observations d'histoire naturelle, de physique, de géographie, aux îles Færœer, en Islande, au Groenland, au Spitzberg, en Laponie ; elle créait un observatoire à Bossekop, dans le Finmark, à l'extrémité de l'Europe, et elle y recueillait, sur les marées, la météorologie, le magnétisme terrestre, de nombreuses et curieuses notions : les noms de MM. *Bravais, Eugène Robert, Lottin, Martins, de La*

Roche-Poncié, se rattachent honorablement à cette expédition ; M. *Xavier Marmier* lui a prêté sa plume élégante ; M. *Biard,* son habile pinceau. Des savants suédois, norvégiens et danois ont été adjoints par leurs souverains à la commission française.

Dans une âpre région du voisinage, la Nouvelle-Zemble, M. *Baer,* savant russe, faisait, vers le même temps, des observations météorologiques ; un peu auparavant, une expédition conduite par MM. *Pakhtousov* et *Zivolka* cherchait à reconnaître la côte nord-est de cette triste terre ; mais elle fut malheureuse, sans être cependant inutile aux progrès de la géographie, car elle a particulièrement fait voir que la baie de la Croix n'est pas, comme on l'avait supposé d'abord, l'entrée d'un détroit, mais bien d'un golfe profond.

La Prusse, à son tour, n'a pas voulu se trouver en dehors de la lice des explorations maritimes : deux de ses vaisseaux, *le Mentor* et *la Louise,* ont fait, en 1843, des courses scientifiques sur les côtes d'Amérique.

Nous remarquons de toutes parts, alors et dans les années voisines, soit avant, soit après, des relèvements de côtes poursuivis avec persévérance et savoir par toutes les grandes marines, surtout par celles de France, d'Angleterre et des États-Unis. Les côtes françaises continuent à être minutieusement étudiées sous la direction de l'illustre *Beautemps-Beaupré,* assisté de M. *Daussy;* celles de la Méditerranée le sont par les soins de M. *Monnier ;* d'autres parties de cette mer, les côtes d'Italie, les parages entre la Sicile et l'Afrique, etc., ont été l'objet des travaux de plusieurs de nos habiles hydrographes, MM. *Bonard, de La Roche-Poncié, Keller, Darondeau;* l'Archipel était plus particulièrement le partage des officiers anglais, M. *Greaves,* M. *Brock.* D'autres savants officiers de cette nation, les capitaines *Beaufort, Mande, Washington, Frazer,* continuaient les travaux hydrographiques sur les côtes de la Grande-Bretagne et de l'Irlande. M. *Bouet-Willaumez* explorait avec exactitude les côtes occidentales de l'Afrique ; M. *Jehenne* faisait, avec M. *Passama,* l'étude des côtes d'Arabie, des Comores, et rapportait dans nos colonies des plants du caféier primitif. M. *Guillain* relevait les côtes de Madagascar et de l'Afrique orientale ; le capitaine anglais *Morell* et le commandant *Matson* se chargeaient des rivages méridionaux et sud-ouest de l'Afrique ; le lieutenant *W. Christopher* portait ses soins sur les côtes du Zanguebar et du Somâl. Le lieutenant *Moresby* relevait les Maldives et d'autres îles de l'océan Indien ; le lieutenant *Carless,* les bouches de l'Indus ; le capitaine *Lloyd,* les côtes du Bengale et de l'Indo-Chine. Plus loin, sur les côtes orientales et sud-est de l'Asie, nous trouvons MM. *Cécille, Béthune* et *Roquemaurel* complétant et rectifiant l'hydrographie des côtes de Chine, de Corée, de Mandchourie, du Japon, et nous y rencontrons aussi les commandants américains *Palmer* et *Rodgers,* et le capitaine anglais *Belcher,* auquel on doit particulièrement l'étude de la baie de Canton.

En Amérique, les capitaines anglais *Barnett* et *Parsons* ont fait le travail hydrographique des Antilles et du Yucatan ; le commandant *Shortland,* le capitaine *Bayfield,* se sont occupés des côtes du Canada, de la Nouvelle-Écosse, du cours du Saint-Laurent. Les reconnaissances des côtes des États-Unis ont été faites avec un admirable soin, sous la direction de M. *Hassler*, puis sous celle de M. *Alexandre Bache;* MM. *Lee* et *Gilliss*, de la même nation, ont porté leurs investigations sur les rivages de l'Amérique méridionale. MM. *Tardy de Montravel* et *Serrec* ont exploré le bas Amazone, et M. *Bonard* a fait exécuter l'hydrographie de la Guyane française.

Les récifs nombreux dont sont hérissés les parages de l'Australie exigeaient, plus que tout autre point, qu'on en fît une reconnaissance exacte : aussi les Anglais, si vivement intéressés à la navigation de ces côtes où ils règnent sans partage, ont-ils consacré des soins infinis à l'hydrographie des bords de l'Australie et des îles voisines : MM. *Robert Dixon, Stokes, Wickham, Grey, Lushington, Stenley, Blackwood, Bate, Byron-Drury, Denham, Chimmo*, sont les marins qui se sont plus particulièrement voués à ce difficile labeur.

Tels sont les principaux travaux hydrographiques côtiers accomplis depuis une douzaine d'années par les trois grandes nations maritimes du monde. Mais il serait injuste de ne pas signaler les importants résultats obtenus par d'autres aussi : les officiers russes ont relevé avec talent le golfe de Finlande, le golfe de Riga, la mer Noire. Le gouvernement napolitain a fait exécuter des travaux semblables sur le développement considérable des côtes des Deux-Siciles. La marine néerlandaise a consacré surtout des soins nombreux à l'hydrographie de la Malaisie : nous signalerons, entre autres, les opérations du capitaine *Van der Hart* sur les côtes de Célèbes et des Moluques.

Ce sont là de bons et utiles résultats ; mais nous n'avons presque plus à mentionner de ces grands voyages scientifiques de circumnavigation, comme la période de 1835 à 1842 nous en a offert. Nommons cependant la circumnavigation de l'amiral danois *Steen-Bille*, sur *la Galathea*, et celui de *l'Eugénie*, commandée par le capitaine suédois *Virgin*, expédition remarquable qui a rapporté des documents précieux et nombreux, publiés par M. *Skogmann*. Nous ne voulons pas non plus passer sous silence le voyage du capitaine *Cazalis*, qui, sur le navire marchand *l'Arche d'alliance*, a fait, en 1851, une circumnavigation très-profitable aux connaissances géographiques ; ni l'expédition de l'amiral *Febvrier-Despointes*, qui a pris possession de la Nouvelle-Calédonie, au nom de la France, en 1853 ; ni celle de M. *Tardy de Montravel*, qui nous a valu, sur cette région et sur plusieurs autres de l'Océanie, de nombreux renseignements.

Dans la période des dix années qui viennent de s'écouler, presque tout l'intérêt des voyages maritimes se concentre dans les mers arctiques qui s'étendent au nord de l'Amérique ; là, les hardis explorateurs se succèdent rapidement et circulent en même temps ; ces affreuses solitudes sont subitement animées par la présence de bâtiments nombreux, d'hommes au noble cœur, qu'excite le dévouement à la science, à l'humanité ; à voir l'ardeur qui porte vers ces lieux tant d'êtres empressés, on dirait que c'est une région de délices, où une nouvelle Circé attire les voyageurs : hélas ! la mort en est la souveraine, elle y accumule ses victimes ; des vaisseaux brisés ou retenus captifs, le froid le plus rigoureux de l'hémisphère boréal, la famine, de cruelles maladies, voilà ce qui attend le navigateur dans ces parages horribles et cependant si intéressants comme théâtre de l'audace et de l'intelligence humaines.

De 1837 à 1839, MM. *Dease* et *Simpson* avaient continué l'exploration de la côte nord du continent américain, et toute cette côte se trouvait connue, sauf un intervalle de 6 à 7 degrés de longitude, entre le fleuve Back et la presqu'île Melville. Mais on ne savait pas encore s'il y avait un bras de mer continu et praticable, un *passage nord-ouest* enfin, pour se rendre de l'Atlantique au détroit de Bering. C'est ce problème que sir *John Franklin*, déjà célèbre par ses voyages dans le nord de l'Amérique, projeta de résoudre enfin en 1845 ; il part avec les navires *l'Erebus* et *la Terror,* qui venaient d'affronter les glaces antarctiques ; mais les années s'écoulent, et l'on ne reçoit aucune nouvelle de cette expédition. Inquiète, l'Angleterre envoie à sa recherche, en 1848, sir *James Ross*, qui passe deux hivers sans résultat dans ces plages désolées : seulement, par une tombe trouvée à l'île Beechey, à l'entrée du canal de Wellington, on parvint à reconnaître que les malheureux voyageurs avaient dû passer là l'hiver de 1845 à 1846. Une expédition par terre sous la direction de sir *John Richardson* et du docteur *Rae* est également infructueuse. En 1850, le capitaine *Austin* part avec quatre vaisseaux ; le capitaine *Penny*, avec deux. Sir *John Ross*, lui-même, malgré son grand âge, prend le commandement du navire *le Felix*, et veut contribuer à la découverte de ses infortunés compatriotes ; lady Franklin, dans sa douloureuse anxiété, équipe à ses frais un petit bâtiment, *le Prince-Albert*, commandé d'abord par le capitaine *Forsyth*, qui s'enfonce dans l'Entrée du Prince-Régent, puis, l'année suivante, par le capitaine *Kennedy*, qu'accompagne notre généreux et courageux compatriote *Bellot*. Ce navire s'avance, en 1851 et 1852, dans le détroit de Lancastre, le détroit de Barrow, autour du North-Somerset, dans la baie de Brentford, au fond de laquelle on découvre le détroit de Bellot ; on visite à la pointe Fury un dépôt laissé par le capitaine John Ross vingt ans auparavant, et, chose admirable ! les vivres en étaient dans un état parfait de conservation. Au milieu des événements intéressants de cette expédition, nous dirons que M. Kennedy, s'aventurant dans un canot, se trouva séparé quelque temps de son vaisseau par un intervalle immense, et il était perdu, si le lieutenant Bellot, allant à sa recherche avec une incroyable sagacité, n'eût eu le bonheur de le retrouver. Le schooner à hélice *l'Isabel*, commandé par M. *Inglefield*, et frété aussi par lady Franklin, partit en 1852, s'avança dans le détroit de Smith jusqu'à 78° 28′ 21″ de latitude, et de là on vit au loin, dans l'horizon boréal, une terre qui fut nommée île Louis-Napoléon. M. *Kennedy* repartit en 1853, sur ce même navire *Isabel*, en se dirigeant vers le détroit de Bering, mais sans plus de résultat pour trouver les traces de l'illustre navigateur, objet de tant de recherches.

Presque en même temps, M. Inglefield et M. Bellot faisaient encore une tentative dans la direction de la mer de Baffin. Leur navire à vapeur, *le Phœnix*, communiqua très-heureusement, dans le détroit de Wellington, avec l'escadre de sir *Edward Belcher*, qui, depuis 1852, stationnait dans ces parages avec cinq bâtiments ; mais ce fut là que périt, dans une crevasse de glace, le jeune officier français, victime de son dévouement et de son zèle pour l'accomplissement de ses devoirs.

M. Inglefield revenait sans son cher compagnon, mais il rapportait, dès la fin de 1853, les curieuses dépêches du capitaine *Mac-Clure,* qui contenaient la relation du plus grand événement géographique dont les régions polaires eussent encore été le théâtre. Le capitaine Mac-Clure, commandant *l'Investigator,* se trouvait au détroit de Bering en 1850 ; il s'avança résolûment au nord-est, en longeant les côtes boréales du continent américain, et passa devant l'embouchure du fleuve Mackenzie ; parvenu vers 126 degrés de longitude ouest, il se dirigea au nord, découvrit la grande île Baring (qui se trouve être une partie de la terre de Banks, déjà connue au nord) ; il en fit le tour, mais à travers quels périls, quelles difficultés, quels travaux ! Tantôt le navire était arrêté par des barrières infranchissables de glace ; tantôt il était menacé par des montagnes flottantes ; souvent il fallait se frayer un chemin dans les eaux par la hache, par le feu même, car maintes fois on y a fait jouer la mine comme dans de profondes couches de rochers ; à la fin, il fut tout à fait impossible de faire mouvoir le vaisseau ; cependant le courageux chef de l'expédition et ses compagnons n'ont pas perdu courage ; trois hivers passés dans ces horribles solitudes ne les ont pas accablés ; ils ont cherché dans l'île les vivres que pouvait leur offrir cet âpre climat, et ils ont été assez heureux pour y trouver un grand nombre de rennes et de lièvres ; ils se sont aventurés à pied et en traîneau sur la glace à de grandes distances, et M. Mac-Clure put même se rendre jusqu'à l'île Melville, vue trente-trois ans auparavant par Parry. Enfin, ces voyageurs si étrangement isolés eurent la joie de voir arriver, en avril 1853, quelques-uns de leurs compatriotes, qui venaient sur la glace leur apporter du secours de la part du capitaine *Kellett,* appartenant à l'escadre de sir Edward Belcher. C'est par le bassin de Melville que cette communication s'opérait ; la continuité de la mer, depuis le détroit de Bering jusqu'au détroit de Davis, était donc découverte ; *le passage nord-ouest* était trouvé ! Mais hélas ! il ne peut offrir au commerce du monde, aux relations des peuples, aucun avantage considérable ; car, bien qu'une circonstance fortuite puisse le faire dégager des glaces qui le fermaient pendant ces dernières explorations, qui voudrait voyager dans de tels parages, si ce n'est les hommes entraînés par une noble curiosité scientifique ou par le sentiment, plus noble encore, qu'inspire l'humanité ?

M. Mac-Clure envoya immédiatement ses dépêches par le lieutenant *Creswell,* qui franchit 470 milles sur la glace, pour se rendre à l'île Beechey, et qui prit *le Phœnix* pour rapporter en Angleterre l'importante nouvelle de la grande découverte géographique ; mais le capitaine lui-même n'abandonna son *Investigator* qu'en juin 1853, et rejoignit les navires du capitaine Kellett, *le Resolute* et *l'Intrepid,* qui étaient fixés dans Winter Harbour, à l'île Melville. Cependant ces bâtiments aussi durent être abandonnés en avril 1854, et les voyageurs se transportèrent sur la glace à bord du *North-Star,* qui les ramena en Angleterre. Au nom de M. Henry Kellett s'associe honorablement, dans ces expéditions arctiques, celui de notre compatriote M. *Émile de Bray,* qui a voulu partager les dangers et les explorations de cet habile officier anglais.

Nommons aussi le capitaine *Pullen,* compagnon de tous ces braves navigateurs; et mentionnons encore l'expédition du lieutenant *Browne,* dans la direction de la Terre du prince de Galles, en 1851, ainsi que celle du capitaine *Collinson,* qui, sur le navire *l'Enterprise,* avait pénétré par le détroit de Bering dans l'océan Glacial américain, et y a circulé à travers mille difficultés pendant trois ans, jusqu'en juillet 1854.

Ce fut dans ce même mois que le docteur *John Rae,* déjà célèbre par ses découvertes arctiques, et qui avait particulièrement, en 1846, reconnu la côte entre la terre Boothia et la presqu'île Melville, acquit enfin, par la narration de plusieurs Eskimaux et par des objets trouvés entre leurs mains, la triste certitude de la mort de John Franklin et de ses compagnons: ils paraissent avoir péri en 1850, dans le voisinage de l'embouchure du fleuve Back, au milieu des plus affreuses circonstances de la faim et du dénûment.

Un généreux citoyen américain, M. *Grinnell,* avait voulu concourir aux recherches du navigateur anglais : une première expédition envoyée par lui, en 1850, sous la conduite du lieutenant *De Haven,* s'avança dans l'archipel Parry; une seconde, sous la direction du docteur *Kane,* pénétra beaucoup plus au nord encore : partie de New-York en 1853, elle franchit le détroit de Smith, et atteignit en traîneau 82° 30′ de latitude, presque aussi loin qu'avait atteint Parry en 1827 ; là, on vit un bras de mer libre qui fut appelé Kennedy, et qui paraît faire partie d'une mer libre plus vaste, que des géographes avaient déjà devinée et proposé d'appeler Polynia, mais qu'une juste reconnaissance fera nommer peut-être mer de Kane; ces découvertes prouvent que la région polaire même est moins froide que les parages plus rapprochés du continent américain. Le navire, *l'Advance,* avait été arrêté par les banquises, à 78° 45′; c'est là qu'on fut obligé de passer deux hivers; c'est le quartier d'hiver le plus voisin du pôle qui ait jamais été choisi. Les membres de plusieurs des hommes de l'équipage furent gelés; le whisky se congela dès le mois de novembre. Le mercure fut constamment à l'état de glace; le scorbut et surtout le tétanos sévirent cruellement.

Le docteur Kane et ses compagnons se virent enfin forcés de laisser leur navire dans les glaces, et, se servant tour à tour de traîneaux et de bateaux, ils gagnèrent heureusement, en 1855, les établissements danois du Groenland, où ils eurent la joie de trouver le lieutenant *Hartstein,* envoyé à leur recherche.

Les voyages dans l'intérieur des terres, depuis une vingtaine d'années, ne nous offriront pas un intérêt aussi palpitant; cependant ils sont riches en bien importantes découvertes, ou en relations pleines de charmes. Commençons par l'Asie : M. *de Lamartine,* MM. *Michaud* et *Poujoulat,* ont visité la Turquie d'Asie, particulièrement la Syrie, et en ont donné des descriptions tout empreintes de leur âme poétique et religieuse; M. *Fontanier* a parcouru la Lazistan; M. *Callier* a visité, en géographe expérimenté, l'Asie Mineure et la Syrie, avec l'infortuné *Stamaty,* qui, victime de ses privations, perdit la vie à la fleur de l'âge.

M. *de Cadalvène*, M. *Guys*, M. *Th. de Lesseps*, ont donné aussi sur ces pays classiques des appréciations qui méritent d'être consultées; mais M. *Texier* allait faire dans l'Asie Mineure, à deux reprises, une exploration plus spéciale et plus importante. M. *W. Hamilton* a exploité heureusement aussi cette mine inépuisable de souvenirs. Le savant géographe allemand *Kiepert* a voulu explorer à son tour une contrée qu'il a si bien reproduite sur ses belles cartes : il a visité une grande partie de la célèbre presqu'île, avec ses compatriotes MM. *Schœnborn, Loew* et *Boekh*. M. *Ph. Le Bas* y a fait un important voyage archéologique ; M. *Edmond Boissier*, M. *Richard Hoskin*, M. *Fellows*, M. *Victor Langlois*, en ont aussi étudié plusieurs parties ; enfin M. *de Tchihatchev* est un de ceux qui ont le mieux vu l'Asie Mineure et qui l'ont fait le mieux connaître par de grands travaux.

M. *Léon de Laborde* a consacré à l'Arabie Pétrée, à la Syrie, à la géographie de l'époque de Moïse, des remarques du plus haut intérêt et présentées dans une magnifique publication. M. *Rüppell* a vu aussi l'Arabie Pétrée, et il l'a vue avec l'œil observateur d'un géographe, d'un voyageur exercé.

M. le docteur *Lepsius* a exploré avec soin la presqu'île du Sinaï, et a donné sur cette célèbre montagne des renseignements tout à fait neufs, qui changent entièrement les anciennes idées sur sa position.

M. *Wellstedt* a fait, dans le sud de l'Arabie, en 1836, de véritables découvertes géographiques, et la même contrée a été explorée, peu de temps après, par M. *Botta*, par M. *Prax*, et par M. *Joseph Arnaud*, M. *Fresnel*, M. *de Wrède*, qui ont trouvé, vers l'antique Mariaba, des inscriptions himyarites d'une grande importance pour la linguistique.

M. *de Bertou* vint révéler presque en même temps un fait très-curieux, très-intéressant pour la géographie physique et la géographie biblique : c'est la profonde dépression de la mer Morte au-dessous des mers voisines, la Méditerranée et la mer Rouge; M. *Callier* et le lieutenant *Symonds* ont confirmé cette découverte. Cependant M. *Robinson* avait déjà porté ses judicieuses investigations sur la géographie comparée de la Palestine, qu'il allait, vingt ans plus tard, étudier de nouveau et à fond avec M. *Élie Smith*. M. *Russegger*, qui a fait en Afrique et en Europe des voyages si étendus et si fructueux pour la science, a vu aussi, et décrit surtout sous le rapport physique, cette partie de l'Asie. Mgr *Mislin* a parcouru la Terre Sainte avec une consciencieuse attention. Beaucoup d'autres voyageurs ont foulé ce sol sacré, en ont remué les ruines, évoqué les souvenirs ; mais personne encore n'avait accompli la navigation du lac Asphaltite, dont le véritable caractère a été souvent si mal dépeint : un Américain, M. *Lynch*, résolut d'entreprendre enfin cette exploration: il apporte des États-Unis le bateau qui doit lui servir dans cette expédition ; il descend le tortueux et rapide Jourdain, et accomplit très-heureusement, en 1848, la circumnavigation du lac mystérieux; quelque temps auparavant, un Anglais, M. *Molyneux*, avait succombé dans une tentative semblable. M. *de Saulcy* voulut voir aussi cette petite et célèbre mer, et il en a parcouru à pied presque tous les bords ; il a rectifié quelques idées fausses qu'on s'était formées de l'aspect lugubre et horrible qu'elle offrait, disait-on; il a visité les autres parties de la Judée, et à fait une belle publication de son voyage; mais ses assertions ont paru hasardées à plusieurs critiques, et ont trouvé d'ardents contradicteurs, entre autres M. *Van de Velde*, qui a vu la même contrée en 1851 et 1852. Signalons encore le voyage tout récent de M. *Louis Énault* et de ses nombreux compagnons.

M. le comte Jaubert a publié les intéressantes courses d'*Aucher Éloy*, qui a parcouru la Turquie d'Asie et la Perse de 1830 à 1838 : infortuné et aimable voyageur, dont on lit avec charme les descriptions exactes, pittoresques, empreintes d'une piquante originalité. Tout ce que le climat, les maladies, la méchanceté des hommes, peuvent accumuler de misères, il les a supportées pendant huit années, et il est mort victime de son zèle. On peut lui comparer *Hommaire de Hell*, qui, déjà célèbre par ses excursions dans la Russie méridionale, part pour l'Asie en 1846, veut aller dévoiler les secrets de l'Asie centrale, et d'abord du Turkestan ; déjà il avait vu l'Arménie, la Perse, et il y avait réuni des matériaux nombreux, lorsque la mort vint le frapper dans la fleur de l'âge.

Vers 1840, nous avons à mentionner l'ambassade en Perse de M. *de Sercey*, et les reconnaissances que fit dans cette contrée et dans la Turquie d'Asie M. le capitaine *de Beaufort*, qu'il ne faut pas confondre avec l'hydrographe anglais du même nom. C'est vers cette époque que M. *Eugène Boré* entreprenait dans les mêmes régions un voyage philanthropique, une belle œuvre de civilisation; il fondait particulièrement dans l'Aderbaïdjan des écoles qui avaient le plus heureux résultat. M. le comte *de Caraman* allait visiter le Liban et Palmyre; M. *Félix Fonton*, l'Asie Mineure et le Caucase; le major *Rawlinson* dévoilait, dans la Susiane et le Kurdistan, de nombreux mystères archéologiques, préludant ainsi aux investigations si remarquables qu'il allait porter dans la Babylonie et l'Assyrie.

Nous trouvons, vers 1841, MM. *Flandin* et *Coste* parcourant la Perse, et rapportant les belles images de monuments antiques, entre autres ceux de Persépolis; M. *Letellier*, M. *Bell*, M. *Koch*, visitant le Caucase et la Transcaucasie; M. *Abich* s'élevant sur l'Ararat. Mais le plus célèbre voyage qui ait été fait, vers cette époque, dans l'isthme qui sépare la mer Noire de la mer Caspienne, est celui de M. *Du Bois de Montpéreux* : sa belle relation a singulièrement avancé nos connaissances sur le Caucase et ses populations variées.

MM. *Ainsworth* et *Rassam* ont exploré avec grand fruit l'Assyrie, l'Arménie, la Mésopotamie, la Babylonie; M. le baron *de Bode*, le sud de la Perse.

Cependant l'événement géographique le plus considérable que nous offre l'ouest de l'Asie dans les vingt dernières années, c'est sans doute la découverte, en 1843, des ruines de Ninive par M. *Botta*, consul de France. A Khorsabad, à Kouyoundjik et dans quelques autres lieux voisins de Mossoul, se sont dévoilées alors, aux yeux des archéologues surpris et émerveillés, une foule d'antiquités assyriennes, que l'habile pinceau d'un *Flandin* a reproduites, et qui ont attiré un grand nombre d'explorateurs sagaces, les *Layard*, les *Rawlinson*, les *Place*, etc.; ils en ont fait continuer les fouilles et en ont tiré d'innombrables richesses, dont plusieurs ornent aujourd'hui les musées de Paris et de Londres.

Une commission française, dont M. *Fulgence Fresnel* était le chef, est allée explorer les ruines de la Babylonie; un jeune savant, qui en faisait partie, M. *Oppert*, a rapporté, sur l'antique Babylone particulièrement, les plus curieux renseignements.

Avant de quitter l'extrême occident de l'Asie, mentionnons encore le voyage remarquable de M. *Auguste Wallin* dans l'Arabie septentrionale, qu'avaient jusqu'alors fort dédaignée les explorateurs; celui de M. de *Wildenbruch* sur la côte de Syrie; du lieutenant *R. Bucton* dans le Hedjaz; celui de M. *Maurice Wagner* à travers la Turquie d'Asie et la Perse; celui de M. *de Chancourtois*, qui a fait des recherches géologiques dans l'Asie Mineure; celui de M. *Lottin de Laval*, qui a rendu des services à l'archéologie. Nous avons déjà nommé le savant docteur prussien *Lepsius*, au sujet du mont Sinaï; il faut lui associer ses compatriotes MM. *Minutoli, Scholz, Schubert, Kemprich, Rosen*, pour l'exploration de l'Asie Mineure.

Ajoutons que M. *de Maslatrie* a examiné à fond l'île de Chypre, jusqu'ici fort mal connue; que le docteur *Buist* a étudié la géographie physique de la mer Rouge; qu'enfin une expédition militaire du pacha d'Égypte en Arabie a fait faire des progrès à la géographie de cette péninsule, et que, particulièrement, M. le docteur *Chédufau* et M. le colonel *Mary*, attachés à l'armée égyptienne, ont donné sur le Hedjaz et l'Assyr des renseignements neufs.

Avançons-nous vers l'Asie centrale et vers l'Inde, et voyons quels zélés explorateurs nous y rencontrons dans la période qui nous occupe. M. *Fraser* voyageait en Perse vers 1833. En 1831 et dans les années suivantes, *Alexandre Burnes* explorait, avec le plus grand fruit pour la géographie, le nord-ouest de l'Hindoustan, le Turkestan, et surtout l'Afghanistan, où il devait tomber sous les coups d'un assassin en 1841, ainsi que son infortuné compatriote *Frédéric Forbes*; car cette contrée était alors vivement hostile aux Anglais, qui l'avaient envahie, et dont les armées y éprouvèrent des désastres cruels, vengés en 1843; mais cette guerre sanglante a du moins servi beaucoup à la connaissance géographique du pays.

Victor Jacquemont avait continué, après l'époque de 1830 où nous l'avons laissé, ses courses savantes, et délicieusement décrites, à travers le nord de l'Hindoustan; entraîné par son goût pour l'étude de la nature, il franchit l'Himalaya et arrive dans la grande vallée arrosée par le Setledje supérieur; il visite, sur la frontière du Tibet, des cantons presque inconnus avant lui; il fait des remarques nombreuses qui enrichissent la science; il rencontre sur plusieurs points des villages et des cultures à cinq mille mètres au-dessus du niveau de la mer, c'est-à-dire à une altitude supérieure à celle du Mont-Blanc. A son retour, il est reçu dans le Pendjab avec le respect dû aux savants éminents; il quitte Lahore et arrive à Pounah; mais au moment où il allait jouir, au milieu des siens, de la gloire que lui avaient attirée ses belles découvertes, il trouve la mort à Bombay, le 7 décembre 1832.

M. *Lamarre-Picquot* a vu l'Inde aussi, et y a fait de bonnes études sur les antiquités hindoues. Nous avons déjà parlé des étonnants voyages du baron *de Hügel*, qui a surtout consacré ses descriptions à la vallée de Cachemire. Quelque temps après lui, M. *Vigne* examinait aussi cette belle vallée, franchissait les monts Himalaya, et visitait, dans le Petit Tibet, la forteresse d'Iskardo, dont les habitants se prétendent issus des Grecs qui accompagnèrent Alexandre le Grand. Remarquons aussi le voyage de M. *Wood* aux bords de l'Indus, aux sources de l'Oxus et dans l'Afghanistan; celui de M. *C. Masson* dans le Pendjab, le Béloutchistan et le Caboul. Sur ce dernier pays, on consulte avec fruit le précieux journal militaire du major *Hough*. M. *Ad. Delessert* a parcouru l'Inde de 1834 à 1839. Quelque temps après, M. le docteur *G. Robert* et M. *d'Ochoa* l'explorèrent aussi. Mais ce que nous offre de plus important l'histoire de la géographie de l'Hindoustan dans le dernier quart de siècle, c'est la mesure de l'arc d'un méridien et la triangulation faites, sous la direction du colonel *Everest*, à travers toute la longueur de cette presqu'île.

Un intérêt particulier s'attache au voyage d'un Hongrois patriote et philologue, *Csöma de Kœrœs*, qui, allant à la recherche du siége primitif de la nation magyare, parcourut l'ouest du Tibet et le Ladakh, réunit quarante mille mots de la langue de ces contrées, mais, privé de tout, réduit à un affreux dénûment, vint mourir dans le Sikkim en 1842. C'est dans le Sikkim aussi que voyageait, quelques années plus tard, un savant botaniste, M. *Hooker*, qui a publié sur ce pays un remarquable ouvrage : c'est un des explorateurs qui se sont élevés le plus haut dans l'Himalaya : il a franchi un col de 23000 pieds d'altitude.

Mais le voyage le plus important qui ait été entrepris, dans ces dernières années, au nord de l'Inde, c'est celui de MM. *Cunningham*, *Ch. Thompson* et *Struchey* : ils se sont partagé l'exploration d'une grande partie de l'Himalaya, du Ladakh, du Tibet, du Turkestan chinois, et ont rapporté les notions les plus variées, les plus intéressantes. Plus récemment, MM. *Schlagintweit* sont allés étudier ces majestueux et immenses monts Himalaya, qu'il est si difficile de connaître complétement.

La belle île de Ceylan a été souvent visitée : nous citerons, entre autres, le voyage de M. *Harkners*, qui, outre cette île, a exploré avec beaucoup de détail les montagnes de Dékhan; remarquons aussi le voyage de l'évêque *Orazio Bettachini*.

Parmi les voyageurs qui ont visité la presqu'île de Malacca et les îles voisines, on distingue M. *Newbold*, M. *Fontanier*, déjà connu par ses explorations des rives de la mer Noire. M. le docteur *Richard* a fait un voyage de Moulmeïn à Bankok. M. le docteur *Gutzlaff* a parcouru le Laos, le Yun-nan et les frontières de la Birmanie.

La conquête que les Anglais ont faite d'une portion de l'empire Birman a permis à beaucoup d'officiers instruits de l'armée britannique de répandre de nouvelles lumières sur les parties occidentales de l'Indo-Chine. Mais c'est aux missionnaires catholiques qu'on doit peut-être les plus importants renseignements sur cette presqu'île : Mgr *Pallegoix* a séjourné longtemps au royaume de Siam, et en a donné une description développée ; il en a étudié profondément la langue, dont il a publié un dictionnaire célèbre. Mgr *Taberd* a séjourné, de son côté, dans le royaume d'An-nam ; il l'a décrit avec détail, et il a donné un précieux dictionnaire an-namitain.

D'autres de nos missionnaires, poussés par le plus noble des dévouements, se retrouvent à chaque instant dans l'orient et le sud-est de l'Asie, portant leur pieuse parole dans les âpres régions du Tibet, de la Mongolie et de la Mandchourie, chez les populations hostiles de la Chine, de la Cochinchine, de la Corée ; et combien de ces hommes vénérables sont tombés victimes de leur entraînement sacré ! Nous voyons l'évêque *Bruguière,* qui traverse la Chine au commencement de la période qui nous occupe ; MM. *Huc* et *Gabet*, qu'on suit à travers le Tibet et la Chine, et dont la relation est un des ouvrages les plus attachants qu'on ait publiés sur l'orient de l'Asie ; M. *Grandjean*, qui pénètre dans le Laos ; M. *Vachal,* qui s'avance dans le même pays, et meurt sur la frontière de l'empire Chinois ; M. *Maillefait,* qui visite l'île de Haï-nan ; M. *Venault,* qui franchit la Mandchourie ; M. *Krick,* qui remonte la vallée du Brahmapoutre, et périt, frappé par les indigènes, à l'entrée du Tibet.

La guerre des Anglais contre la Chine, de 1840 à 1842, a notablement changé la condition des rapports des Européens avec ce vaste empire ; elle a ouvert à leur commerce quatre nouveaux ports, et a fait éclore une foule de publications, dont une des plus remarquables est celle de M. *Dobel,* fruit de quinze années de séjour dans le Céleste-Empire. La narration qu'a faite M. W. D. *Bernard* des voyages et des services du vaisseau *la Némésis,* commandé par M. *William Hall* pendant cette guerre, est également intéressante. Un moine russe, le Père *Hyacinthe,* qui avait séjourné treize ans dans cet empire, a donné une bonne description de la Mongolie.

M. *Callery* a parcouru les côtes de la Chine ; M. *de Jancigny,* chargé d'une mission dans ce pays, a recueilli d'intéressants documents, et a particulièrement envoyé en France une précieuse carte chinoise en huit feuilles, qui orne les collections géographiques de la Bibliothèque impériale. Des délégués du commerce français, M. *Renard,* M. *Hedde,* M. *Itier,* etc., ont rapporté des notions et des produits dont l'industrie a pu profiter. M. *Robert Fortune* a entrepris en Chine un voyage agricole et horticole, qui nous a instruits d'un grand nombre de faits curieux, surtout relativement au thé. M. *de Montigny,* consul de France à Chang-haï et à Ning-po, a procuré des renseignements non moins intéressants ; il a rapporté des cartes et des plans chinois d'un grand prix pour la science ; il a doté la France de nouveaux et importants produits naturels, tels que des graines, des plantes, des bombyces, et ces bœufs au poil soyeux, à la queue lustrée et flottante, qui n'habitaient que l'empire Chinois et qui paraissent se naturaliser parfaitement dans notre patrie.

Ainsi, ce mystérieux empire se dégage peu à peu de ce voile orgueilleux dont il se plaisait à se couvrir ; il commence à nous tendre enfin une main amie, et peut-être les révolutions profondes dont il est maintenant le théâtre contribueront-elles à hâter des rapports plus intimes avec l'Europe. Le Japon lui-même s'ouvre aussi devant les demandes instantes et un peu menaçantes de la race caucasique. Les Américains ont fait, avec lui, en 1854, un traité de commerce, et obtenu le droit de fréquenter deux ports; les Anglais ont, depuis, acquis le même avantage.

C'est un spectacle intéressant que celui des explorations que la Russie fait faire dans ses vastes possessions de la Sibérie : le gouvernement, l'Académie des sciences, la Société géographique, envoient toute une légion de géographes, d'astronomes, de géologues, étudier ces régions désertes, qui possèdent d'importantes richesses sous le manteau de glace et de neige qui les recouvre. L'admiration que nous inspire le courage des voyageurs dans les plages arctiques de l'Amérique, s'attache à plusieurs de ces expéditions dans la triste Sibérie : la plus remarquable est probablement celle qu'entreprit, en 1843, M. *Middendorff*, accompagné de M. *Brandt* : le froid le plus vif, les maladies, des bateaux brisés, des traîneaux mis en pièces, la faim la plus cruelle, enfin une suite de désappointements et de désastres inouïs, ont marqué cette expédition, qui a réussi cependant à reconnaître la côte de l'océan Glacial, vers le cap Taïmour. Parmi les autres voyageurs russes qui ont visité la Sibérie ou ses frontières, nous citerons M. *Fuss,* M. *Fédérov*, qui se sont surtout occupés de déterminer des positions astronomiques; M. *de Levchine*, qui a décrit les hordes et les steppes des Kirghiz; M. *de Tchihatchev*, qui a parcouru les monts Altaï et Sayansk; M. *Castrèn*, qui a fait les plus fructueuses recherches ethnographiques; MM. *Permikine* et *Stchoukine*, qui ont exploré le voisinage du lac Baïkal et la Sibérie orientale; MM. *Boulytchev, Ernest Hofmann* et *Sokolov*, qui ont visité d'autres parties de cette immense contrée.

Beaucoup de Russes aussi ont exploré le Turkestan : nous remarquons MM. *Eichwald, Khanikov, Boutaniev, Bogolovsky, Boutakov*, etc. Le docteur *Schrenck* a voyagé dans la Sibérie méridionale et la Dzoùngarie.

Examinons maintenant les voyages, les découvertes dont l'Afrique a été le théâtre depuis vingt-cinq ans, et pénétrons-y par cet isthme de Suez qui attire aujourd'hui l'attention du monde par les grands travaux de communication qui s'y préparent. On avait cru, d'après les mesures prises par les ingénieurs de l'expédition d'Égypte à la fin du dernier siècle, que le niveau de la mer Rouge était de beaucoup supérieur à celui de la Méditerranée; mais les nivellements qui ont été faits depuis par M. *Bourdaloue*, par M. *Talabot* et par *Linant-Bey*, ce savant Français qui est devenu le directeur des travaux du génie en Égypte, ont montré que les deux mers sont à peu près au même niveau. Le plan de les unir par un canal direct à travers l'isthme est dû à l'impulsion d'un autre Français, M. *Ferdinand de Lesseps*; et bientôt, sans doute, le commerce du monde jouira de cette importante jonction, dont les résultats sont incalculables. Pour rendre à tous l'impartiale justice de l'histoire, ajoutons que ce magnifique projet avait été conçu, il y a déjà plus de vingt ans, à peu près tel qu'on va l'exécuter, par l'ingénieur *Cordier*, dont les beaux plans manuscrits sur toutes sortes de travaux de géographie et d'hydrographie forment une des collections les plus considérables du département géographique de la Bibliothèque impériale.

Nous entrons de là dans la vallée du Nil : MM. *de Cadalvène* et *Breuvery* y faisaient, vers 1831, un intéressant voyage jusqu'en Nubie. M. *Linant* (devenu depuis *Linant-Bey*) a parcouru à peu près le même espace, ainsi qu'un de nos habiles architectes, M. *Gau*. M. *Hay*, Anglais, a remonté le Nil Blanc à quelque distance au-dessus de Khartoum. M. *Russegger*, chef d'une commission de naturalistes allemands, a consacré une grande partie de ses savantes courses à cette célèbre vallée. M. le docteur *Lepsius*, chef d'une expédition prussienne, a marché sur ses traces. *Defterdar-Bey*, gendre du vice-roi d'Égypte, a fait un voyage au Kordofan.

M. *Holroyd* a parcouru le Sennâr et le Kordofan ; M. *Pallme* a visité ce dernier pays et le Darfour. *Mohammed-Aly* lui-même, ce régénérateur de l'Égypte, cet homme d'une activité incroyable, d'une merveilleuse sagacité, plein du désir de répandre ses idées de civilisation, a entrepris un voyage au Fazocle. Mais il voulait que son administration fût marquée par une exploration géographique bien plus importante : il désirait ardemment que, sous ses auspices, les sources du Nil fussent enfin découvertes ; il envoya en 1839 une expédition qui, sous le commandement de *Sélim-Bimbachi*, remonta le Nil Blanc jusqu'au sixième degré de latitude ; il en ordonna une seconde en 1841, et cette fois Sélim-Bimbachi s'avança jusqu'à 4° 42'. Malheureusement les bancs de sable, les pierres qui encombrent le lit du fleuve, ne permirent pas aux bateaux de s'avancer davantage. M. *d'Arnaud* avait la direction scientifique de l'expédition, dont MM. *Thibaut*, *Werne* et *Sabatier* faisaient aussi partie, et il a donné une relation et des cartes qui ont singulièrement amélioré nos connaissances sur ce fleuve mystérieux. Depuis, de nouveaux et remarquables efforts ont été dirigés vers le cours supérieur du Nil Blanc. Le missionnaire allemand *Ignace Knoblecher* l'a vu jusqu'à 4° 9' de latitude nord. M. *Brun-Rollet*, négociant sarde, unissant les intérêts de la science à ceux du commerce, a fait des explorations fructueuses pour l'une et pour l'autre, et a pénétré jusqu'à 3 degrés de latitude. Le missionnaire italien *Angelo Vinco* a pu suivre le Nil Blanc jusqu'à 2 degrés ; mais il y est mort, victime du climat et des privations, en 1853. M. *Vaudey*, qui a adressé sur le même Nil des renseignements très-intéressants, a été tué en 1854 chez la tribu des Barry, par suite d'un déplorable malentendu. Enfin, aujourd'hui même, M. le comte *d'Escayrac*, jeune et savant voyageur, déjà connu par ses explorations dans le Sahara et dans le Soudan oriental, et par ses ingénieuses observations sur la géographie et l'ethnographie africaines, se prépare à entreprendre une expédition destinée à remonter jusqu'à la source du Nil. ses plans paraissent parfaitement conçus, et nos vœux et notre espérance l'accompagnent vers cette *tête sacrée* du plus célèbre de tous les fleuves.

Que de voyageurs on pourrait mentionner encore sur les bords du Nil ! M. *Lefèvre*, minéralogiste, parti avec les instructions du Muséum et qui a trouvé la mort à Mohammed-Aly-Polis en 1839 ; MM. *Castelly* et *Lafargue*, attachés comme médecins à l'armée égyptienne du Sennâr, et qui se sont avancés entre les deux Nils; M. *Trémaux*, M. *Kovalevski*, qui ont vu aussi cette région mésopotamienne; M. *Peel*, qui a observé avec soin le fleuve Bleu; MM. *de Malzac* et *Vayssière*, qui ont donné d'utiles renseignements sur la Nubie supérieure; M. *Mariette,* à qui l'on doit de belles découvertes archéologiques près de Memphis; M. *Henry Brugsch*, qui a fait en Égypte aussi un voyage destiné surtout à l'archéologie; M. *Wilkinson*, etc.

L'Égypte est, en Afrique, comme une seconde patrie des Français : nos compatriotes y sont en quelque sorte chez eux; nos savants entourent le vice-roi de leurs lumières, et sont pour nous un foyer des connaissances géographiques de toute la région du Nil : ainsi, c'est *Clot-Bey*, c'est *Linant-Bey*, c'est *Mougel-Bey*, qui, entre autres travaux, dirigent les opérations hydrographiques si nombreuses entreprises dans le Nil inférieur; c'est le docteur *Perron*, chef de l'École de médecine du Caire, à qui l'on doit la traduction de plusieurs relations indigènes; enfin il est à Paris un savant célèbre, M. *Jomard* (*Jomard-Bey*), qui reçoit toutes les communications de ces Français d'Égypte et en fait jouir l'Europe.

L'Abyssinie nous offre un bien vif intérêt par le grand nombre des voyageurs qui l'ont parcourue depuis vingt-cinq ans; ce sont surtout des Français que nous y rencontrons. La religion chrétienne, assez répandue dans cette contrée, des mœurs plus hospitalières que dans la plupart des pays voisins, des projets de commerce proposés aux souverains abyssins et paraissant offrir à nos productions un débouché avantageux; enfin, par-dessus tout, l'amour de la science et le désir de connaître une des plus curieuses régions de l'Afrique, y ont poussé beaucoup d'Européens. De 1832 à 1834, le docteur *Rüppell* s'y est élevé sur les montagnes neigeuses de Samen, y a passé l'hiver sur une hauteur de 10000 pieds d'altitude, y a visité la contrée de Coulla, etc. Nous y remarquons le missionnaire *Samuel Gobat*, M. *Hoskins*; MM. *Combes* et *Tamisier*, dont la relation est fort attrayante; M. *Rochet d'Héricourt*, qui a surtout exploré le Choa, dans ses deux voyages entrepris en 1839 et 1843 et féconds en documents de toutes sortes; M. le capitaine *Harris*; M. *Aubert*, M. *Dufey*, qui a trouvé la mort dans ses courses; mais nous distinguons particulièrement les voyages de deux frères pleins de zèle et de savoir, MM. *Antoine* et *Arnaud d'Abbadie*, qui ont fait un long et fructueux séjour dans ce pays : M. Antoine d'Abbadie, entre autres découvertes, pense avoir trouvé la vraie source du Nil; il a planté le drapeau tricolore à l'origine d'une grande rivière d'Abyssinie, qui serait, selon lui, la branche principale du Nil Blanc : nous craignons qu'il ne s'abuse; mais ses travaux d'exploration sont assez beaux d'ailleurs, pour que, si l'honneur d'une telle découverte lui manque, il lui reste encore assez de cette gloire qu'une âme noble peut ambitionner. Le docteur *Charles Beke* a vu l'Abyssinie vers le même temps; il y a fait aussi des remarques très-importantes; mais de graves et trop vives discussions scientifiques sur plusieurs points de la géographie africaine se sont élevées entre ce voyageur et celui que nous venons de nommer. C'est encore vers la même époque, c'est-à-dire de 1839 à 1843, que nous rencontrons en Abyssinie MM. *Isenberg, Krapf, Johnson, Bell, Plowden, Parkyns;* MM. *Ferret* et *Galinier*, qui font ensemble des observations de géographie physique du plus haut intérêt; le Père *Sapeto*, qui a surtout porté ses recherches vers la linguistique ; enfin M. *Théophile Lefebvre*, chef d'une expédition française, qui comptait aussi M. le docteur *Petit*, M. *Dillon*, M. *Vignaud;* mais ces trois estimables compagnons de M. Lefebvre trouvent dans leur voyage une fin malheureuse : le premier, en traversant un fleuve à la nage, est dévoré par un crocodile ; les deux autres sont victimes de la fièvre.

Depuis cette époque remarquable, l'ardeur des voyages en Abyssinie s'est un peu ralentie : cependant nous pouvons encore citer le Français M. *Even*, et l'Allemand M. *Reitz*, qui est mort dans ce pays en 1853. Près de l'Abyssinie, et comme une annexe de ce pays, s'étend le Somâl, qui a été visité en 1854 par M. *Richard Burton.*

Si nous portons maintenant nos regards sur la lisière africaine de la Méditerranée, nous trouvons M. *Vattier de Bourville* dans la Cyrénaïque, en 1849 ; M. *James Richardson*, dans la régence de Tripoli et dans les oasis du Sahara septentrional, en 1845 et 1846; sir *Grenville Temple*, dans la régence de Tunis, vers 1835 ; MM. *Prax* et *Renou*, étudiant les régences de Tunis et de Tripoli ; M. le capitaine danois *Falbe* et M. le capitaine français *Pricot de Sainte-Marie*, faisant des opérations trigonométriques et des reconnaissances dans le territoire de Tunis, et donnant des notions précises et complètes sur les ruines de Carthage. Mais nous remarquons surtout avec intérêt cette Algérie, notre précieuse conquête, qui devient un lumineux foyer de connaissances géographiques pour le nord de l'Afrique ; on a mesuré dans tous les sens cette nouvelle colonie française, on en a exploré partout les ruines, on en a étudié les ressources : une Commission scientifique, dont M. *Bory de Saint-Vincent* fut le premier président, a produit d'importants travaux géographiques, historiques, géologiques, etc. : les noms de MM. *E. Pellissier, Carette, Renou*, etc., se montrent dans ces travaux ; M. le général *Marey-Monge* a fait dans le sud une expédition à la fois militaire et scientifique : un des premiers, il rectifia l'idée trop absolue qu'on se formait de l'aridité du Sahara. M. *Daumas* a continué à éclairer les esprits sur l'aspect que présente ce désert algérien : ses descriptions de ce pays, des populations, des animaux, sont marquées du cachet des plus fines observations, et sont un des monuments les plus intéressants de notre géographie africaine. On doit à MM. *Fournel, Virlet d'Aoust* et *Angelot* des remarques précieuses sur l'hypsométrie, la géologie, les nappes souterraines du Sahara. M. le capitaine *de Chamberet* a fait une excursion importante dans le sud de la subdivision de Tlemcen, en 1848. Signalons encore les reconnaissances topographiques entreprises sous la direction de MM. *de Martimprey* et *Gouyon*, les triangulations de M. *Fuillon de oblaye* et d'autres habiles officiers, les explorations archéologiques de M. *Léon Renier*, de M. *O. Mac-Carthy*, et celles de l'ingénieux général *Carbuccia*, qui a retrouvé et mesuré les antiques routes romaines avec une incroyable précision, refait avec une merveilleuse sagacité toute la géographie ancienne de la subdivision de Bathna, et, par son enjouement, l'attrait de ses recherches, a inspiré aux soldats eux-mêmes le goût de la difficile étude de l'archéologie.

Avançons-nous plus à l'ouest : nous voyons M. *Washington*, M. *Willshire*, parcourir le Maroc ; M. le baron *Taylor*, si connu par ses voyages pittoresques, en a fait un de Tanger à Tétouan.

C'est au sud du Maroc que se trouve l'Ouadnoun, d'où l'infortuné *John Davidson* partit en 1839 pour tâcher de se rendre à Tombouctou ; mais, parvenu à Ighidy, dans le Sahara, il fut lâchement assassiné par un Berbère.

La Sénégambie nous offre le voyage de MM. *Perrolet* et *Lefel*, vers 1833, de MM. *Caille* et *Huart*, en 1840 ; le voyage de M. *Raffenel*, en 1844 ; celui de M. *Hecquard*, en 1851. M. *Bertrand Bocandé* a exploré avec détail les populations et les lieux de la Sénégambie portugaise. M. *Faidherbe*, gouverneur de la Sénégambie française, en a étudié la géographie et les populations indigènes.

Dans la Guinée supérieure, où les Français ont fondé, depuis 1845 (à l'Assinie, au Grand-Bassam, au Gabon), quelques établissements propres à étendre nos connaissances, nous rencontrons M. *Parent* sur la côte d'Ivoire ; le missionnaire *Freeman* dans l'Achanti ; M. *Daniell* dans plusieurs des pays qui avoisinent le golfe de Guinée ; le capitaine *Trotter*, qui a remonté le Kouarra en 1841, mais dont l'expédition a échoué presque complétement. Nous remarquons surtout M. *Allen*, M. *Becroft*, si connus par leurs explorations sur le Kouarra, et que nous avons déjà nommés en parlant des dernières tentatives de *Richard Lander*. Le capitaine Becroft a remonté ce fleuve jusqu'à quatre fois ; dans sa dernière exploration, en 1854, il meurt ; il est remplacé par M. *Mac-Gregor Laird*, et cette fois une très-heureuse navigation permet au navire *la Pléiade* d'entrer dans le cours du majestueux Bénoué (Tchadda), de voir des régions toutes nouvelles, et de rapporter les plus intéressants documents.

D'un autre côté, des voyageurs courageux avaient pénétré par le nord dans le bassin du grand fleuve et dans celui du lac Tchad : une expédition qui avait *James Richardson* pour chef, et qui comptait les docteurs allemands *Barth* et *Overweg*, était partie de Tripoli à la fin de 1850, avait franchi le Fezzan, le Sahara, le pays d'Ahir ; mais, à peine entré dans le Bournou, Richardson succombe aux fatigues, à l'insalubrité du climat ; Overweg résiste encore deux années, pendant lesquelles il fait surtout des observations sur le lac Tchad et dans les pays voisins ; il est à son tour dévoré par cette terre fatale, en 1853 ; le docteur Barth reste donc seul, mais ne se décourage pas, et sa glorieuse persévérance a été couronnée des plus beaux résultats : il a visité, le premier, le grand et beau royaume d'Adamaoua ; il s'est avancé au loin vers l'ouest, et a vu enfin Tombouctou, où il est arrivé en 1853 ; il a donné de nouveaux et très-curieux renseignements sur cette ville célèbre et sur beaucoup de lieux du Soudan occidental. Un instant le bruit de sa mort s'est répandu, et tous les journaux avaient annoncé une nouvelle victime des découvertes africaines, lorsqu'on eut la joie d'apprendre l'heureuse issue de son voyage et son retour en Europe, où il publie aujourd'hui ses curieuses relations. Cependant le docteur *Vogel* s'était rendu au Bournou en 1853, pour se joindre à ses compatriotes, et il leur portait le concours précieux de ses connaissances en astronomie et en histoire naturelle ; hélas! les uns de ses collègues étaient moissonnés par la mort, l'autre était séparé de lui par un vaste espace où la guerre exerçait alors ses ravages et empêchait leur réunion ; il s'est donc livré isolément à ses utiles travaux, qui ont produit les fruits les plus importants. Résumons-nous, et avançons sans crainte que toute cette expédition est un des plus grands faits géographiques de ce siècle.

Il est malheureux que les parties plus orientales du Soudan n'aient pas pu être visitées par ces dévoués explorateurs : le Ouadây et les régions voisines restent encore couverts d'une grande obscurité, quoique la publication, faite par les soins de MM. *Perron* et *Jomard*, des voyages de *Mohammed-ebn-Omar el Tounsy* au Ouadây et au Darfour, vers le commencement de ce siècle, ait apporté quelques notions nouvelles, de même que la publication des voyages de *Zaïn-el-Abidin* par M. *Rozen*.

Nous venons d'esquisser les progrès de la géographie au nord de l'équateur. Si nous franchissons ce cercle, nos premiers regards et notre plus vif intérêt se portent sur les découvertes de deux estimables missionnaires, MM. *Krapf* et *Rebmann*. Ces hommes vénérables n'ont cessé, depuis environ dix années, de porter de nouvelles lumières géographiques sur de vastes pays de l'intérieur, en même temps qu'ils y répandaient celles de la religion : en 1849, M. *Rebmann* découvrit les monts Kilimandjaro et Kénia, dont M. Krapf confirma peu de temps après l'existence. Ils ont vu l'Ousambara, le Djagga, et un grand nombre d'autres pays, la plupart tout à fait inconnus avant eux ; ils ont révélé des notions neuves et curieuses sur de grands lacs de l'Afrique intérieure : le lac N'yassi, le lac Ouniamési ou Oukérévé, qui paraît être immense et sur lequel M. *Erhardt*, leur noble compagnon de fatigues et de dévouement, vient de donner, en 1856, des indications extrêmement intéressantes.

Cependant ces régions orientales ont aussi été le théâtre d'autres efforts honorables, que nous ne pouvons omettre : M. *Maizan*, jeune officier français, voulait pénétrer dans le Zanguebar en 1846 ; il y est tombé sous le fer de misérables assassins ; tout récemment, M. le capitaine *Short* a navigué sur le Djen, et a vu dans le lointain courir du nord au sud une longue chaîne blanche, qui représente évidemment les monts Kénia et Kilimandjaro. Ajoutons qu'en 1852 trois Maures, avec quarante porteurs, se sont rendus de Zanzibar à l'Angola ; mais ces voyages de commerce d'une côte à l'autre, faits par les musulmans, ne paraissent pas être rares.

De tous les explorateurs européens, celui qui aurait pénétré le plus avant dans ces contrées au sud de l'équateur, serait M. *Ladislas Magyar*, si les renseignements un peu vagues qu'on a reçus de ses courses se trouvaient parfaitement confirmés : parti du Benguela pour l'intérieur en 1849, il épousa la fille d'un chef de Bihé ; il obtint là une troupe nombreuse et hardie de chasseurs d'éléphants, s'avança dans l'est, suivit longtemps la Coanza, arriva à des montagnes qui donnent naissance à de grands fleuves, et pénétra, dit-on, dans le royaume de Kalounda, jusqu'à 4° 41' de latitude et 21° 23' de longitude.

Quelques-unes des plus intéressantes explorations de l'Afrique australe sont dues à des missionnaires protestants, les uns Français, les autres Anglais; tout en portant la parole de l'Évangile chez les malheureuses populations hottentotes et cafres, ils ont rendu des services signalés à la science : citons M. *Roland;* MM. *Arbousset, Daumas, Cazalis,* qui ont tant avancé la géographie du sud-est de la Cafrerie; M. *Lemue,* qui a le premier fait connaître le grand désert de Kalagari; M. *Moffat;* M. *Mœder,* qui s'est livré à de grands travaux sur les langues des peuples de ces régions.

M. *Steedman* a parcouru la colonie du Cap en 1831; le docteur *Smith* et son compagnon, M. *Edie,* ont vu le pays des Zoulas et d'autres peuplades de la Cafrerie en 1836; le capitaine *Alexander,* dans la même année, a visité les Namaquas, les Bosjesmans, les Damaras, le fleuve Orange; le docteur allemand *Wilh. Peters,* naturaliste, a fait un voyage fructueux dans l'Angola et le Mozambique; M. *Backhouse* a parcouru les extrémités sud de l'Afrique, et a donné sur Maurice des détails qui sont encore intéressants, après tant d'autres dont cette charmante île a été l'objet. Pendant un séjour dans la belle île voisine (la Réunion), un voyageur plein de sagacité, M. *de Froberville,* a rassemblé des documents sur les populations de la côte orientale de l'Afrique; et il a pu donner l'ensemble le plus complet que l'on possède sur la linguistique et l'ethnographie de cette partie du continent.

L'attention fut vivement attirée sur une partie de la côte sud-est de l'Afrique, dans la Cafrerie maritime, vers 1840 : les *Boers,* colons hollandais du gouvernement du Cap, voulant se soustraire à un joug dont ils avaient, disaient-ils, à se plaindre, abandonnèrent tout à coup leurs anciennes demeures, et émigrèrent en masse vers le port Natal, où ils fondèrent une république : les Anglais virent d'un air irrité cet État naissant, qui pouvait devenir un rival dangereux de leur établissement du Cap : ils l'attaquèrent et le soumirent, mais non sans difficulté.

M. *Delegorgue,* voyageur français, a fait des courses remarquables dans l'Afrique australe, de 1839 à 1844. Le lieutenant *Ruxton* a parcouru la côte aride de la Cimbebasie en 1844. Mais les plus célèbres voyages qui aient été exécutés dans le sud de l'Afrique depuis 1830, ce sont certainement ceux de MM. *Livingston, Oswel, Galton* et *Andersson,* de 1843 à 1855. MM. Livingston et Oswel ont découvert le grand lac N'gami, la rivière Teoghe, la rivière Zougha et les cantons voisins, infestés de la redoutable mouche tsétsé; s'avançant beaucoup plus au nord, le docteur Livingston a dévoilé de vastes pays tout nouveaux, tels que celui des Barotsé, et de grandes rivières, comme la Liambye ou Séchéké; il a éprouvé mille difficultés pour se frayer une route à travers des cantons inondés et de hautes herbes épineuses ou coupantes; il a franchi même l'étendue considérable qui sépare la Liambye de l'Angola, et il est parvenu jusqu'à Saint-Paul de Loanda, en 1854; depuis, il s'est enfoncé encore une fois dans l'intérieur, et l'on attend de son courage et de son rare savoir de nouveaux et précieux renseignements. M. *Galton,* en 1851 et 1852, a exploré avec un grand soin la partie occidentale de l'Afrique australe ; il était accompagné d'un jeune Suédois, M. *Andersson*, qui, depuis, a accompli seul d'autres explorations, jusqu'à la rivière Teoghe, jusqu'au pays des Ovampos et ailleurs, et a fait faire de nouveaux et remarquables progrès à la géographie africaine.

M. *Gamietto* a publié en 1854 l'expédition que le major portugais *Montiero* a entreprise en 1831 et 1832, dans les pays qui s'étendent à l'ouest du Mozambique. Du reste, les Portugais, et surtout les marchands de cette nation, paraissent avoir fait souvent la route de la Guinée à la côte de Mozambique ; mais leurs connaissances sur ces contrées intérieures n'ont pas été généralement dévoilées.

Ainsi, pour nous résumer, ce continent mystérieux est percé de tous côtés par de hardis Européens ; il ne tardera pas sans doute à se découvrir à nous tout entier, et, si l'on mesure d'un coup d'œil ce que la courte période des vingt-cinq dernières années nous y a fait dévoiler, on peut dire que nulle autre, depuis plusieurs siècles, n'a été aussi féconde.

L'Amérique nous offre aussi de bien belles expéditions à signaler : la découverte des mines d'or de la Californie, le percement de l'isthme de Panama, le projet d'autres communications interocéaniennes sur plusieurs points, des recherches sur l'archéologie américaine, de grands voyages traversant de part en part dans sa largeur l'Amérique méridionale, les efforts incessants de la nation anglo-américaine pour connaître partout, mesurer et franchir rapidement son vaste territoire ; ceux des Anglais et des Russes pour dévoiler toutes les parties, bien moins abordables et moins heureuses, de leurs froides possessions du nord, voilà l'ensemble assez animé que nous offre l'histoire de la géographie en Amérique dans ces derniers temps.

Nous avons déjà décrit les courses des *Franklin*, des *Back*, des *Dease*, des *Simpson*, des *Rae*, pour déterminer la lisière septentrionale du continent. L'amiral *de Wrangell*, le même qui avait fait, comme lieutenant de vaisseau, de si belles explorations sur les côtes de la Sibérie, fut chargé du gouvernement de la Russie américaine, de 1830 à 1835, et il a donné sur ce pays des notions neuves et importantes. Descendons vers les grands lacs auxquels le Saint-Laurent sert d'écoulement, et dans le bassin du Mississipi : nous avons à y signaler cet intéressant *John Tanner*, qui a erré pendant trente années parmi les sauvages ; le prince *Paul de Würtemberg*, qui s'est enfoncé dans l'ouest des États-Unis ; le prince *Maximilien de Wied-Neuwied*, qui a parcouru les mêmes contrées, et rendu compte de ses voyages dans une magnifique publication, où les tribus indigènes sont surtout amplement décrites. M. *Schoolcraft*, qui déjà avait donné la relation du voyage fait par le général *Cass*, en 1820, dans le voisinage des grands lacs, vers le cours supérieur du Mississipi, visita lui-même, le premier, la source de ce fleuve en 1832, et l'appela Itasca (des mots *veritas, caput*, exprimant que c'est la *vraie source*). M. *Nicollet*, de Baltimore, a fait aussi une excursion vers cette source. Le P. *de Smet* est allé jusqu'aux monts Rocheux, et a visité beaucoup de tribus indiennes. Qu'il nous soit permis de nommer ici un voyageur qui nous touche de près, un frère bien aimé, *Louis Cortambert*.

Nous ne nous écartons pas de l'impartialité qui est notre loi, en déclarant qu'il a vu beaucoup, et que son coup d'œil a une haute portée philosophique; il a fait de longues excursions à travers la vallée de l'Ohio et celle du Missouri; il a séjourné chez les Osages et d'autres peuplades indigènes; il a observé et il observe encore les mœurs du grand peuple américain, qu'il pourra comparer avec celles des peuples nombreux qu'il a étudiés ailleurs, dans le midi de l'Europe, en Égypte, en Arabie, en Syrie; mais jusqu'ici ses écrits sont ou inédits, ou moins connus dans notre pays que dans cette Amérique qu'il aime comme une seconde patrie, et où il a depuis longtemps fixé son séjour.

M. *Duflot de Mofras* et M. *Greenhow* ont parcouru la Californie et l'Orégon. Le colonel *Frémont*, d'origine française, mais devenu citoyen américain, est un des plus intrépides explorateurs des États-Unis; il entreprit une première expédition à travers les monts Rocheux en 1844 et 1845, et arriva dans la Californie; il donna, l'un des premiers, connaissance des inépuisables mines d'or de cette contrée, et bientôt un flot de voyageurs, d'émigrants, d'aventuriers de toutes les nations, se porta dans le nouvel *El Dorado,* qui devait en enrichir plusieurs, mais être fatal à un plus grand nombre encore; la géographie, du moins, y a gagné des notions nouvelles et multipliées : qui pourrait énumérer les publications, de valeurs fort diverses, où l'on a cherché à dépeindre cette terre de Plutus? Au milieu des relations de tant de voyageurs, nous remarquons les lettres si spirituelles et si intéressantes de M. *Derbec.*

Le gouvernement de l'Union s'est hâté de favoriser l'établissement de chemins de fer entre ses nouvelles possessions des côtes du Pacifique et le reste de ses vastes domaines ; pour examiner les points où ces chemins pourraient franchir les monts Rocheux, cinq expéditions partirent en 1853 et 1854 : le colonel *Frémont* en dirigea une; M. *Stevens*, une autre, la plus septentrionale; la plus méridionale, commandée par MM. *Beale* et *Heap*, comptait un corps nombreux de voyageurs, dont faisait partie M. *Jules Marcou*, géologue français; des deux autres, l'une avait pour chef M. *Nollis*, et la dernière, conduite par MM. *Gunnison* et *Kerns*, fut presque entièrement anéantie par les Indiens Utah.

En même temps, l'administration de la république Américaine faisait faire l'étude du terrain de ses territoires de l'ouest par des géologues instruits, comme M. *Stansbury,* M. *Owen.* M. *Squier* a observé les antiquités américaines du bassin de l'Ohio et de divers autres points. M. *A. Abert,* colonel des ingénieurs topographes des États-Unis, préside depuis longtemps à des travaux topographiques d'une grande importance.

M. *de Castelnau* a fait un voyage scientifique dans la Floride et dans d'autres parties méridionales de l'Union. M. *J. J. Ampère,* qui n'avait pas pour but des recherches de la même nature, a donné une agréable relation de ses excursions à travers la république Américaine et le Canada ; on lit surtout avec un vif intérêt la narration de son séjour parmi les anciens Français de ce dernier pays.

Le Mexique, troublé par les révolutions, ensanglanté par des guerres presque continuelles, si peu propre à offrir aux voyageurs la sécurité désirable, est bien moins visité que ses puissants et florissants voisins, les États-Unis : cependant nous y trouvons, de 1825 à 1834, M. *Joseph Burkart*, qui en a rapporté un trésor d'observations minéralogiques, géognostiques et métallurgiques ; M. *Hersant*, en 1832 et 1833 ; plus tard, M. *Isidore Löwenstern* ; M. *Galeotti*, envoyé par l'établissement géographique de Vander-Maelen ; M. *R. A. Wilson.*

Mais c'est surtout le Mexique méridional, c'est le Yucatan, c'est le territoire de Guatemala, qui ont attiré les observateurs par leurs curieuses ruines. Quel est le peuple qui a fondé là des palais, des pyramides, de grands édifices, qu'on trouve ou encore debout ou souvent enfouis sous des forêts séculaires ? C'est un mystère historique qu'on cherche à dévoiler depuis plusieurs années, et qui a donné lieu à de beaux et de grands travaux : parmi les voyageurs qui ont visité ces remarquables débris d'une civilisation inconnue, nous remarquons M. *Nebel*, MM. *Corroy* et *Cochelet*, M. le colonel *Juan Galindo*, M. *Waldeck*, M. *Friedrichsthal*, M. *Catherwood*, M. *J. Stephens*, M. *Norman*.

Le génie du commerce voit avec autant d'intérêt que l'archéologie cette région si heureusement resserrée entre deux océans : *Don José de Garay* a dirigé une commission scientifique instituée pour la reconnaissance de l'isthme de Téhuantépec et l'examen de la communication qu'on pourrait y établir ; M. *Squier* a examiné, depuis, le plan d'un chemin de fer interocéanique entre le golfe de Honduras et celui de Fonseca ; mais ce savant voyageur a porté sur d'autres sujets aussi ses habiles investigations : il a vu les antiquités des îles du lac Nicaragua, mesuré les hauteurs des terrains voisins, et dessiné la topographie de toute cette belle partie de l'Amérique. M. *Maussion de Candé* et M. *Miyonnet-Dupuy* ont aussi parcouru l'Amérique centrale. Les capitaines *Lallier* et *Gabriel Lafond* ont étudié particulièrement l'État de Costa-Rica, où M. *Maurice Wagner* vient de faire un voyage.

Non loin de là, est l'isthme de Panama, l'espace le plus étroit de l'Amérique, et le plus fréquenté des passages d'un océan à l'autre. Des Français, M. *Hellert*, M. *Garella*, M. *Émile Chevalier*, y ont étudié le sol et le meilleur moyen de le couper ; M. *Gisborn* et d'autres Anglais ont projeté un canal entre le port Escocès et le golfe de San-Miguel. L'activité anglo-américaine, plus prompte dans l'exécution que toutes ses rivales, y a créé un chemin de fer de Chagrès à Panama. Quel avenir brillant est offert à ce point du Nouveau-Monde, si l'ordre, la paix, une administration intelligente, laissent en profiter le commerce !

La belle et féconde Amérique du sud ne fait pas encore jouir l'humanité de tous les avantages que la nature y a répandus à profusion ; elle n'a pas encore été explorée et décrite entièrement. M. *Acosta*, M. *Codazzi*, ont fait cependant plus complètement connaître leurs patries, la Nouvelle-Grenade et le Vénézuéla. M. *Robert Schomburgk* a entrepris deux voyages dans l'intérieur de la Guyane anglaise : géographe, astronome et naturaliste à la fois, cet habile explorateur a singulièrement avancé nos connaissances sur cette région. La Guyane française a été visitée par MM. *Leprieur* et *Adam de Bauve* ; et M. *Jules Itier* y a accompli l'utile mission d'y rechercher les plantes les plus utiles à l'industrie.

Le majestueux fleuve des Amazones, dont l'immense et fertile bassin procurerait à l'humanité tant de richesses, s'il n'était pas encore presque entièrement inculte, a été parcouru plusieurs fois : le gouvernement du Brésil l'a fait explorer dans presque tout son cours, en 1852, par un bâtiment à vapeur, qui a grandement surpris les sauvages habitants de ses rives ; MM. *J. Smith* et *F. Lowe,* officiers de la marine anglaise, l'ont descendu, ainsi que le colonel américain *Herndon,* qui a rendu compte de son voyage dans un des meilleurs livres qui aient été publiés dans ces dernières années. En même temps, M. *Wallace,* Anglais, remontait ce fleuve. Un Français, M. *de Saint-Cricq,* l'a parcouru aussi, a exploré surtout la partie supérieure de son cours dans le Pérou, a observé les tribus indiennes, pris une foule de notes sur la géographie et l'hydrographie, fait une collection considérable d'objets d'histoire naturelle ; mais la plupart de ses travaux sont encore inédits.

Le plus grand et le plus important voyage dont l'Amérique méridionale ait été le théâtre, dans la période qui nous occupe, est certainement celui de M. *de Castelnau,* qui, accompagné de M. *d'Osery* et de quelques autres savants français, a parcouru dans sa largeur cette grande masse continentale, depuis la côte du Brésil jusqu'au Pérou ; les matériaux géographiques et géologiques qu'a valus à la science cette expédition remarquable sont extrêmement nombreux et précieux : que de points, de rivières, de hauteurs et de productions tout à fait inconnus ont été dévoilés ! Une belle publication nous les fait connaître en ce moment.

Nous avons déjà parlé d'un autre de nos compatriotes, M. *Alcide d'Orbigny,* qui, de 1825 à 1833, a, dans un grand voyage géographique, géologique, botanique et zoologique, embrassé la Bolivie, la Plata, l'Uruguay ; M. *Parchappe* a participé à ses travaux, et a rapporté, particulièrement sur la république Argentine, des observations géodésiques importantes. Nous avons encore la gloire de citer un savant Français, M. *Claude Gay,* pour l'exploration et la description complète et excellente du Chili. M. *Édouard Pœppig* a visité le même pays, le Pérou et l'Amazone.

M. *Pentland* et M. *Bowring* sont montés sur les Andes boliviennes ; ils ont exploré le lac Titicaca, ont vu de vastes ruines d'anciens monuments péruviens, à plus de 3000 mètres au-dessus du niveau de la mer ; M. Pentland avait donné, sur l'altitude des Cordillères, des renseignements qui changeaient toute l'hypsométrie de cette vaste chaîne ; ses mesures donnaient les pics d'Illimani et de Sorata comme les points culminants de l'Amérique ; mais elles ont été rectifiées, et le Chimborazo, cet antique roi des Andes, ne semble pas devoir être détrôné.

Le colonel *Lloyd,* M. *Weddell,* ont parcouru aussi la Bolivie. M. *Lund,* savant danois, a fait, pendant son séjour au Brésil, de curieuses observations de géologie et d'histoire naturelle ; M. *Daniel Kidder,* M. *Guillemain,* ont visité également le Brésil ; M. *Arsène Isabelle* et M. *Woodbine Parish* ont fait des voyages à la Plata, cette république si souvent agitée par les révolutions et cependant si bien placée, si heureusement douée, par la nature, de toutes sortes de richesses; le fameux dictateur *Manuel Rosas*, qui l'a gouvernée tyranniquement pendant plusieurs années, a été dans sa jeunesse un géographe utile : on lui doit des observations topographiques qui avaient pour but la détermination et le tracé d'une nouvelle ligne de frontières au sud de la république Argentine.

Un des voyageurs qui ont le plus récemment et le mieux vu les rives de la Plata et le Paraguay, c'est M. *Alfred Demersay*, qui a donné, particulièrement sur ce dernier pays, les plus importants détails; on lit avec un grand intérêt sa description des Payaguas et d'autres populations indiennes, ses renseignements sur les productions de ces régions fertiles, ses appréciations du célèbre despote et dictateur Francia, qui a si longtemps fermé le Paraguay au reste du monde. Il a eu le bonheur de voir, dans ses voyages, le vénérable *Aimé Bonpland*, le patriarche des botanistes, le compagnon d'Alexandre de Humboldt, longtemps prisonnier et victime courageuse de Francia, aujourd'hui fixé à San-Borja, près des frontières méridionales du Brésil; encore vigoureux et actif, malgré ses quatre-vingt-trois ans, surveillant ses vastes cultures, recueillant de nouveaux matériaux pour sa science favorite, et les communiquant de temps en temps à sa patrie, qu'il aime toujours et qu'il désire revoir encore !...

Ce magnifique archipel qui serpente à l'est du Mexique et de l'Amérique centrale, les Antilles, ont été vues et dépeintes par bien des voyageurs : nous citerons ici, parmi ceux qui ont fourni les meilleurs renseignements, M. *Francis Lavallée*, qui a décrit Cuba, et sir *Robert Schomburgk*, qui a offert sur la partie orientale de l'île Haïti de nouveaux et remarquables détails.

Transportons-nous bien loin de là, dans la belle Océanie : nous avons déjà signalé le grand nombre des courses maritimes qu'on a faites sur les côtes de ses nombreuses îles et de son régulier continent; les efforts qu'on a tentés pour pénétrer dans l'intérieur de ce continent sont nombreux aussi : M. *Mitchell* est un des explorateurs qui ont le plus contribué à le dévoiler; plusieurs fois il en a parcouru de vastes parties, et, dans l'une de ses entreprises, il a accompli l'immense voyage de Sydney au golfe de Carpentarie. M. *Eyre* a découvert en 1841, dans le sud de l'Australie, le grand lac Torrens; mais ce lac paraît, comme ceux de plusieurs parties de l'Afrique, changer singulièrement d'aspect suivant les saisons, et se dessécher même presque entièrement : le capitaine *Frome* n'y trouva, en 1844, qu'un désert de sable.

Sir *George Gipps*, gouverneur de la Nouvelle-Galles méridionale, a fait faire, comme ses prédécesseurs, de grandes explorations dans sa province : le comte *Strzelecki*, sous cette nouvelle impulsion, s'avança assez loin, et découvrit, vers le sud, la région qu'il appela la terre de Gipps.

M. *Wickham*, dans le nord de l'Australie, a trouvé le fleuve Adélaïde; le capitaine *Grey* a dirigé ses recherches dans l'ouest; le docteur *Hermann Kœler* a étudié les indigènes du sud ; M. *Sturt* s'est avancé vers le lac Torrens, qu'on n'est pas encore cependant parvenu à bien connaître. M. *Kennedy* a vu une partie des côtes septentrionales. Mentionnons aussi le voyage du capitaine *Hurtel*.

Mais, de tous les voyageurs qui ont parcouru l'Australie, celui qui a accompli les plus grandes excursions est le courageux et infortuné *Leichhardt* ; il il avait la noble ambition et la ferme résolution de lever enfin le voile qui couvre le centre de cette contrée. Une première fois, il achève heureusement la course de Brisbane à Port-Essington : un itinéraire de 600 lieues! Dans une seconde expédition, il part de la baie de Morcton, sur la côte orientale ; son projet est de franchir le continent dans sa plus grande dimension, et d'aller rejoindre la côte occidentale vers la baie de Dampier ; cependant, dès les premières semaines, le manque de provisions et quelques autres accidents font échouer l'entreprise. Elle se réorganise, elle paraît d'abord réussir ; mais ensuite un silence funèbre règne sur le sort du hardi voyageur et de ses nombreux compagnons ; on ne reçoit plus de leurs nouvelles, jusqu'à ce qu'enfin arrive le bruit fatal que de misérables tribus indigènes ont massacré ces hommes dévoués! On espérait encore cependant que ce n'était là qu'une vague rumeur, et qu'on pourrait obtenir de plus heureux renseignements : M. *Hely* s'avança assez loin, en 1852, pour découvrir les vestiges de Leichhardt : il ne put rien apprendre, et aujourd'hui il n'est pas douteux que l'on ne doive inscrire cet honorable nom parmi ceux des victimes de leur zèle pour la science.

Le phénomène minéralogique que nous a offert la Californie s'est renouvelé pour l'Australie : là, dans les montagnes du sud, M. *Hargreaves*, revenant de l'Amérique, en 1850, trouva des roches analogues à celles qu'il avait remarquées dans les terrains aurifères de la Californie : il découvre, en effet, d'abondantes mines dans les Alpes australiennes ; la foule des chercheurs s'y porte aussitôt, et tout le pays, qu'on a décoré du gracieux nom de la souveraine de l'Angleterre, a changé de face : de belles villes s'y sont élevées ; des villages florissants, l'industrie, la culture du sol, l'animent de toutes parts, et la fièvre de l'or s'est heureusement transformée, sur un grand nombre de points, en une paisible exploitation de richesses plus réelles.

Le grand et beau fleuve Murray, qui parcourt le sud de ce continent, a été remonté récemment en bâtiment à vapeur, jusqu'à une grande distance dans l'intérieur, par le capitaine *Cadell* et le lieutenant-gouverneur *Young*. Le fleuve Victoria, dans le nord-ouest, a été remonté par M. *Haug*. Mgr *Rudesindo Salvado* a étudié les indigènes de l'Australie, et les a dépeints sous des couleurs moins sombres qu'on ne l'avait fait jusqu'à présent ; il trace même assez complaisamment l'éloge de leur physique et de leur moral ; cependant d'autres missionnaires qui ont, en ce moment même, le courage de pénétrer dans les parties de l'ouest, font un triste tableau de la dégradation et de l'aspect des peuplades de ces barbares, qu'à force de charité et de persévérance ils parviennent pourtant à améliorer.

La magnifique terre de la Nouvelle-Guinée, les îles Arrou et plusieurs îles de la Malaisie ont été explorées par M. *de Bastiaanse*, Hollandais, qui a rédigé en français son intéressante narration. Le comte *Vidua*, qui fut longtemps le compagnon de M. de Bastiaanse, périt dans une de ses excursions aux terrains volcaniques de Célèbes, comme autrefois Pline près du Vésuve. Il nous serait impossible de dire tous les autres voyageurs qui ont fait les relations de leurs courses dans la Malaisie, ce beau jardin de l'Océanie. Mentionnons cependant M. *Brooke,* qui a vu Célèbes et Bornéo; M. *Mallat,* qui a séjourné aux Philippines; le baron *de Kessell,* qui a rapporté de l'intérieur de Bornéo une collection ethnographique extrêmement riche; il en avait levé une carte très-précieuse, qui a été bien malheureusement dévorée par un orang-outang. Une intrépide Allemande, madame *Pfeiffer,* qui a fait des voyages dans toutes les parties du monde, a parcouru l'intérieur de Sumatra, à travers les plus grandes fatigues et les plus grands dangers, et elle n'a pas craint de pénétrer chez les anthropophages Battas. M. *Renard,* délégué du commerce français. M. *Fontanier,* consul de France, ont visité Java et les îles occidentales de la Malaisie.

La prise de possession des Marquises par la France, le protectorat que nous avons acquis sur Taïti et quelques îles moins importantes, l'annexion plus récente de la Nouvelle-Calédonie à nos possessions, le zèle de nos missionnaires, qui répandent avec un si admirable dévouement les bienfaits de la religion chez les populations indigènes, attirent vivement notre intérêt sur la Polynésie. Nous avions aussi fondé une colonie à la presqu'île de Banks, sur la côte orientale de la Nouvelle-Zélande; mais elle n'a pu se soutenir, et toute cette grande contrée est devenue une province britannique, que des explorateurs anglais cherchent à connaître dans toutes ses parties. MM. *Thomas Brunner, Stokes, Mitchell,* le capitaine *Symonds,* en ont particulièrement exploré une étendue considérable. M. *Moerenhout,* consul de France, a rendu service à la géographie, en publiant ses observations sur les îles polynésiennes du nord, où il a longtemps séjourné.

Nous terminerons par l'Europe cette revue des voyages. Là, la Turquie, la Grèce, la Russie, la Laponie, présentent seules quelque champ nouveau d'exploration. M. *Boué,* M. *Viquesnel,* ont fait en Albanie, en Épire, en Macédoine, en Servie, en Bosnie, dans la Moesie supérieure, des excursions du plus grand intérêt pour la géologie, l'orographie et l'hypsométrie. M. *Grisebach* a parcouru la Romélie, surtout en botaniste; MM. *Stieglitz* et *Kovalevski* ont visité le Monténégro; M. *Cochelet* a voyagé en Valachie et en Moldavie.

Parmi les voyages qu'on a faits en Grèce et dans les îles de l'Archipel, remarquons celui d'un savant allemand, M. *Ross;* d'un savant français, M. *Ph. Le Bas.* Mais ce qui a surtout servi à la géographie de cette contrée célèbre, ce sont les travaux géodésiques et topographiques des officiers français, MM. *Peytier, Boblaye, Servier, Conteaux,* etc.: ils ont levé des cartes, mesuré des altitudes, déterminé une foule de points. Et combien ne doit-on pas aussi de reconnaissance aux jeunes et brillants élèves de l'École française d'Athènes! Ainsi, M. *Beulé* a fait, au Parthénon et à l'Acropolis, de précieuses découvertes archéologiques; il a étudié minutieusement sur le terrain la géographie comparée de presque tout le Péloponnèse; M. *Mézières,* a examiné attentivement l'Ossa, le Pélion et bien d'autres points éminemment historiques.

Le prince *Anatole de Démidoff* a fait un voyage célèbre dans la Russie méridionale: la belle publication qu'il en a donnée est accompagnée d'une carte de Crimée, coloriée géologiquement par M. *Huot,* et d'une carte du terrain carbonifère du Donetz, exploré par M. *Le Play.* M. *Hommaire de Hell* a parcouru cette même partie de la Russie, et il a donné, sur les steppes, sur les Cosaques, sur les terrains de ces vastes contrées, les plus intéressants détails. Madame Hommaire de Hell elle-même, qui accompagnait courageusement son mari, a publié des pages charmantes sur plusieurs des points qu'elle a observés. Le docteur *Gœbel* a vu à son tour le sud de la Russie. M. *Edm. Spencer* a visité la Circassie et la Crimée. Parmi les relations assez nombreuses relatives à cette dernière, signalons la spirituelle narration de M. *Laurence Oliphant.* M. *Kuppfer* a fait l'ascension de l'Elbrouz, le point culminant du Caucase. MM. *Helmersen, Eichwald, Meyendorff,* se sont livrés à des explorations géologiques sur de grands espaces; MM. *Roderick Murchison, Ed. de Verneuil* et le comte *de Keyserling* ont fait un important voyage géologique aux monts Ourals, ainsi que dans la Turquie centrale; le lieutenant *Krusenstern* a aussi étudié géologiquement les monts Ourals, dont le nord, si peu connu, a été exploré par MM. *Hoffmann, Straghevski, Kovalski* et *Brandt,* sous l'impulsion de la Société impériale géographique. Signalons encore le voyage de M. *Nébolsine* dans le gouvernement d'Orenbourg et au voisinage de la mer Caspienne; celui de MM. *Middendorff* et *Baer* dans la Laponie russe; celui de MM. *Ruprecht* et *Saveliev* dans la presqu'île de Kanin et l'île Kalgouef.

Nous avons déjà parlé de la remarquable expédition faite dans la Laponie norvégienne par la commission française sous la direction de M. *Gaymard.* Ces régions extrêmes de l'Europe ont un charme scientifique particulier, qui a souvent attiré les voyageurs de nos climats tempérés : ce charme avait entraîné aussi le roi *Louis-Philippe,* qui, dans sa jeunesse, a voulu voir les Lapons, comme il avait vu bien d'autres contrées, et particulièrement les États-Unis ; ce prince avait beaucoup de goût pour les études géographiques, et même il fut quelque temps professeur de géographie dans un humble collége de Suisse.

Maintenant, que pourrions-nous dire des innombrables excursions faites dans tous les pays du centre, du sud et de l'occident de l'Europe, par des touristes qui revoient des beautés cent fois décrites, par des admirateurs qui dépeignent des paysages, des ruines, des monuments connus depuis des siècles? Sans doute un voyageur spirituel, ou philosophe, ou inspiré du génie des arts, de celui de l'archéologie, de celui des études naturelles, peut toujours trouver quelque chose de piquant ou de nouveau à dire sur ce qu'il observe même en France, en Allemagne, en Angleterre ou en Italie; mais on conçoit que la mention de telles explorations ne saurait entrer dans ce plan général de l'histoire des progrès de la géographie. Nous ne pouvons cependant nous empêcher de citer les belles publications des Voyages pittoresques en France et en Espagne par le baron *Taylor.*

Mais ce qui rentre parfaitement dans notre cadre, c'est de signaler les travaux géodésiques, les mesures d'arcs de méridien, les expéditions topographiques, qui s'accomplissent de toutes parts avec tant de zèle et de savoir : ainsi, l'*état-major français,* par les travaux constants de MM. *Peytier, Delcros, Sion, Delahaye, Lecesne, Bentabole,* etc., a terminé la géodésie de la France, pour la grande carte topographique qu'a publiée le *Dépôt de la guerre*, sous la direction du général *Pelet*, du général *Morin*, du colonel *Blondel*. Les Russes, suivant l'exemple qu'avaient donné, un demi-siècle auparavant, les savants français *Delambre*, *Méchain*, *Biot*, *Arago*, en mesurant un arc du méridien entre Dunkerque et Formentera, ont fait, sous la direction de MM. *Struve* et *Woldstœdt*, une opération du même genre à travers toute la longueur de la Russie occidentale, et les Norvégiens ont continué ce travail gigantesque dans le pays qui leur appartient : c'est le plus grand arc qui ait jamais été mesuré.

Des triangulations russes et autrichiennes opérées à la fois dans les provinces limitrophes des deux empires et reliées entre elles, sous la direction de MM. *de Tenner* et *Marieni*; les opérations géodésiques et trigonométriques dans le royaume des Deux-Siciles par MM. *Fergola* et *Visconti*; des travaux de la même nature entrepris par les officiers autrichiens à travers l'Italie centrale, le levé géodésique du Portugal, un commencement d'opérations semblables en Espagne, le levé de l'Écosse, tels sont les derniers travaux que nous offre l'Europe : partout on cherche à achever la connaissance précise de ce sol de la civilisation.

Partout aussi les points principaux en sont unis par des chemins de fer : en Angleterre, est né cet admirable moyen de locomotion; mais la Belgique, la première, a eu un réseau complet. Cependant l'Angleterre s'est couverte promptement de lignes innombrables; la France et l'Allemagne s'en sont ensuite sillonnées à leur tour; plusieurs se sont établies dans l'Italie et en Suisse; la Russie a déjà quelques grandes lignes; l'Espagne elle-même a pu, au milieu de ses tristes émotions, créer de rares tronçons. Quant à la télégraphie électrique, rien n'arrête ses miraculeuses communications : elle franchit les mers elles-mêmes, et porte la pensée, avec la vitesse de la foudre, d'un bout de l'Europe à l'autre, et bientôt sans doute elle lui fera parcourir le globe entier : la première fois qu'elle a franchi l'Océan, c'était pour unir les deux grandes alliées de l'Occident, à travers le Pas de Calais ; elle a ensuite joint la Grande-Bretagne à l'Irlande; en ce moment même, elle se prépare à faire communiquer l'Italie continentale à la Corse, la Corse à la Sardaigne, la Sardaigne à l'Afrique ; et l'on parle même de lancer une communication du continent américain à Terre-Neuve, et de Terre-Neuve à l'Irlande.

Abordons maintenant les auteurs d'ouvrages et de cartes géographiques, et commençons par la France, bien qu'elle ne soit peut-être pas tout à fait la première par l'importance de ce genre de productions. Plusieurs des géographes célèbres que nous avons nommés dans la période précédente ont continué leurs utiles travaux dans celle-ci : M. *Walckenaer* a publié sa Géographie des Gaules, des cartes de cette antique région et de la France actuelle, de savants mémoires, des biographies de géographes; M. *Jomard* a donné d'importantes communications sur l'Afrique, et fait paraître les *Monuments de la géographie*, qui offrent les *fac-simile* curieux de la cartographie au moyen âge; M. *Al. de Humboldt*, qui est Allemand de naissance, mais qui appartient aussi à la France par son style et par un long séjour, a exposé dans notre langue, qu'il

4

connaît si parfaitement, son bel Examen critique de l'histoire de la géographie du nouveau continent, et ses Considérations sur l'Asie centrale et la climatologie comparée. M. *d'Avezac* a écrit d'excellents aperçus sur les géographes anciens, sur la géographie africaine; il a jeté un jour tout nouveau sur l'histoire des îles d'Afrique, éclairé beaucoup de points de la géographie du moyen âge, et accompagné presque toujours de cartes intéressantes ses savantes explications. M. *Denaix* a poursuivi jusqu'à sa mort la tâche consciencieuse qu'il s'était imposée d'établir la géographie sur des bases complétement naturelles et systématiques. M. *Coquebert-Montbret*, quoique parvenu à un grand âge, offrait souvent encore de remarquables mémoires sur divers sujets. M. *Letronne* a voué à la géographie épigraphique et archéologique quelques-uns de ses derniers travaux. M. *Warden* continuait d'écrire sur les États-Unis; M. *Roux de Rochelle* a composé sur ces mêmes États un important ouvrage, et a fait aussi de nombreux travaux sur d'autres contrées. C'est son amour pour la géographie qui lui a inspiré son élégant poëme de *Fernand Cortez*, consacré à la découverte de l'Amérique et à la conquête du Mexique. M. *Eyriès*, qui avait une mémoire prodigieuse, une remarquable érudition en bibliographie de voyages, et un jugement droit et fin, plutôt que de grandes vues; M. *de Larenaudière*, qui possédait un style agréable, et M. *Klaproth*, qui était si profondément versé dans la géographie de l'Asie, dirigèrent longtemps les *Nouvelles Annales des voyages*, à la rédaction desquelles furent ensuite adjoints MM. *Walckenaer* et *Dureau de La Malle*; cet important recueil passa plus tard dans les mains de M. *Ternaux-Compans*, puis dans celles de M. *Vivien de Saint-Martin*, et il est aujourd'hui confié à M. *V. A. Malte-Brun*.

La Société de géographie, à laquelle la plupart des géographes de quelque renom se sont fait un honneur d'appartenir, a tenu le public, pour ainsi dire jour par jour, au courant des découvertes géographiques par son *Bulletin*, qui forme aujourd'hui la plus considérable collection de ce genre : la rédaction en est principalement l'œuvre de ses secrétaires généraux, qui, depuis l'origine, ont été MM. *Conrad Malte-Brun, Roux de Rochelle, de Larenaudière, Jouannin, Corabœuf, Noël des Vergers, d'Avezac, Callier, Berthelot, Vivien de Saint-Martin, de La Roquette, Cortambert* et *Alfred Maury*.

La *Société géologique de France*, la *Société orientale*, qui publie la *Revue de l'Orient*, la *Société zoologique d'acclimation*, qui vient de commencer une si brillante et si utile carrière, le *Spectateur militaire*, publié sous la direction habile de M. *Noirot*, ont fourni à la géographie de nombreux documents.

Parmi les grandes publications qui ont marqué cette période, distinguons l'*Univers pittoresque*, auquel ont contribué plusieurs des géographes que nous avons cités, M. *Fr. Lacroix*, à qui l'on doit aussi un excellent Annuaire de la géographie et des voyages, et plusieurs autres auteurs renommés. Citons ensuite la *Bibliothèque universelle des voyages*, qu'a achevée seule la plume féconde de M. *Albert-Montémont*. M. *Ed. Charton*, directeur d'un recueil éminemment populaire, le *Magasin pittoresque*, vient de publier un ouvrage bien propre à populariser l'histoire de la géographie : ce sont les *Voyages an-*

ciens et modernes, présentés avec cet intérêt de forme qui fait accepter l'étude par les plus modestes lecteurs.

M. *Berthelot* est connu par ses travaux sur les Canaries, sur la grande pêche, sur Cuba. Le célèbre *Dumont d'Urville* a écrit un *Voyage pittoresque autour du monde*, qui n'est qu'une fiction, mais qui résume avec vérité et avec charme les connaissances recueillies par ce grand navigateur dans ses véritables voyages. M. *Gabriel Lafond* a publié ses *Quinze ans de voyages autour du monde* et des notes intéressantes sur l'Amérique centrale.

MM. *Ansart* et *Le Bas* ont traduit en français l'instructif *Atlas historique* de Kruse. M. *Alex. Barbié du Bocage* a donné un bon dictionnaire de géographie biblique.

Le général *Haxo* fut à la fois un grand ingénieur et un grand géographe : il a cherché admirablement l'application des fortifications aux mouvements du terrain, et l'exacte indication des plus légers accidents du sol ; son dernier travail a été une remarquable carte d'Europe, où se trouvent marqués les progrès et les accroissements de chaque État, et où l'on peut voir d'un coup d'œil le résultat des guerres passées et le germe des guerres à venir.

L'illustre *Arago*, dont le génie embrassait toutes les sciences, a éclairé la géographie physique par plusieurs de ces lumineuses Notices dont il ornait *l'Annuaire du Bureau des longitudes*, entre autres, par celle qui a rapport à l'état thermométrique du globe. M. *Biot*, dont la longue carrière a aussi tant servi la science, a été utile à la géographie par ses mémoires sur la météorologie. M. *Duperrey* en a présenté sur le magnétisme terrestre, et il a établi la position de l'équateur magnétique et du pôle magnétique austral. M. *Ch. Martins* a donné des considérations sur les glaciers et sur d'autres points de géographie physique. M. *Delcros* s'est distingué dans la géographie mathématique et météorologique. M. *Alexis Perrey* a consacré ses méditations à l'étude des tremblements de terre et à la physique du globe, qui doit beaucoup aussi à M. *Saigey* ; M. le docteur *Boudin* a donné une bonne carte physique et météorologique de la Terre.

L'application de la géologie à la géographie a pris un prodigieux développement, par l'influence surtout de MM. *Élie de Beaumont* et *Dufrénoy*, dont la carte géologique de la France est un des principaux monuments scientifiques de notre temps. Nommons aussi les cartes géologiques de MM. *Constant-Prévost, Raulin, d'Archiac, Émile Dumas, Ami Boué, Nérée Boubée, Pissis*.

En publiant, au quatre-vingt millième, et, pour certaines parties, comme les environs de Paris, au quarante millième, la grande carte topographique de la France, le *Dépôt de la guerre* a rendu un immense service au pays, et il a eu la gloire de voir cette carte recevoir la plus honorable médaille à l'exposition universelle de Londres ; il couronne cette œuvre, en la vulgarisant davantage encore par une réduction au trois cent vingt millième, et il fait connaître les bases d'un si grand travail par la publication de la *Nouvelle Description géométrique de la France*. Il a donné, en outre, des cartes détaillées de l'Algérie, de la Russie méridionale, etc. — A côté de ces vastes travaux, nous pourrions citer des entreprises topographiques particulières très-étendues aussi, comme le département du Rhône par M. *Rembielinski*, le département du Puy-de-Dôme par M. *Guill. Maury*, etc. Mais n'oublions pas surtout le bel atlas du nivellement du Cher, par M. *Bourdaloue*. Nommons encore le grand plan de Paris de M. *Jacoubet*, le plus vaste qui ait été publié, avec celui qu'a fait autrefois *Verniquet*.

Le *Dépôt de la marine* n'a pas été moins utile de son côté que le Dépôt de la guerre : les cartes et les mémoires hydrographiques qu'il a publiés sont une de nos plus belles gloires scientifiques : on y voit au premier rang les noms de MM. *Beautemps-Beaupré, Daussy, Bégat, Gressier, Gressien, Monnier, Lieussou, Jehenne, Vincendon-Dumoulin, Jurien de La Gravière, Lavaud, Chrestien de Poly, Saulnier de Vauhello, Bonard, de La Roche-Poncié, Keller, Bérard, Darondeau, Delamarche, Chazallon, Le Prédour, Givry, Le Bourguignon-Duperré, Mauge de l'Étang, Ph. de Kerhallet*, et d'un grand nombre d'autres officiers infatigables et savants, qui enrichissent les *Annales maritimes et coloniales*, les *Annales hydrographiques*, donnent de précieuses *Instructions nautiques*, rédigent l'*Annuaire de la marine*, etc. Une des cartes les plus populaires du grand *Atlas de l'Hydrographie française*, que publie ce Dépôt, est la belle mappemonde de M. *Gressier*, d'une clarté extrême et cependant d'une grande richesse de détails.

Un établissement non moins important pour la géographie est le *Département des cartes et des collections géographiques* à la Bibliothèque impériale : créé par les soins de M. *Jomard*, ce département reçoit le dépôt légal de toutes les cartes publiées en France, et, par des dons et des acquisitions, il s'est enrichi, en outre, de ce que l'étranger a publié de plus remarquable en cartographie et en ouvrages géographiques, d'une foule de travaux des anciens géographes, des cartes-reliefs les mieux faites, enfin de tout ce qui peut répondre à l'instruction et aux recherches des amateurs de géographie.

M. *Ed. Biot* fils a écrit de bons ouvrages sur la Chine; M. *Stanislas Julien* aussi a voué ses travaux au Céleste-Empire : on doit à ce célèbre sinologue une étude profonde d'une littérature dont les surprenantes richesses, dans le domaine de la géographie, embrassent une immense étendue de continent et n'ont pas été assez exploitées; il a particulièrement fait connaître, par une savante traduction, la curieuse relation du voyageur chinois *Hiouen-thsang*, qui a parcouru l'Inde de l'an 629 à l'an 645, comme M. *Abel Rémusat* avait fait connaître celle de *Fa-hian*, qui voyagea à l'ouest de la Chine vers l'an 400 de notre ère. M. l'abbé *Lamiot* a analysé la grande Géographie impériale chinoise, appelée *Tay-tsing-y-tong-tchy*, en cinquante-deux volumes in-4°. MM. *Bazin* et *Pauthier* ont écrit aussi sur l'empire Chinois; cette vaste contrée, le Japon, le Siam, l'An-nam, sont également l'objet des études d'un très-jeune savant, M. *Léon de Rosny*, qui, dans l'âge de l'adolescence, a déjà le savoir de la maturité, et à qui l'on peut promettre le plus brillant avenir scientifique. M. *Reinaud*, M. *Dulaurier*, M. *Am. Sédillot*, M. *Ch. Defrémery*, M. *Alfred Maury*, ont aussi écrit sur l'Asie, et se sont particulièrement occupés de la géographie des Arabes, des Indiens, des Persans, des Malais. M. le baron *de Slane* a traduit des ouvrages arabes sur l'Afrique. M. *Amédée Jaubert* a donné une traduction d'Édrisi, qui fait partie des *Mémoires de la Société de géographie*. M. *Vivien de Saint-Martin*, un de nos meilleurs géographes critiques, a particulièrement approfondi la géographie de l'Asie Mineure, de la Géorgie et du Caucase. M. *Ternaux-Compans*, qui possède une des plus riches bibliothèques géographiques, surtout pour les contrées américo-espagnoles, a commencé les *Archives des Voyages*, qui sont une collection de relations curieuses, et, sous le titre de *Bibliothèque asiatique, africaine et américaine*, il a fait le catalogue des ouvrages relatifs à l'Asie, à l'Afrique et à l'Amérique.

On doit à M. *Eugène de Froberville* des considérations importantes sur Madagascar et l'Afrique. M. *Gustave d'Eichthal* a étudié l'ethnologie de la même partie du monde et celle de l'Océanie. M. *Thomassy* a écrit aussi sur l'Afrique, particulièrement sur le Maroc et l'Algérie. Cette dernière a fait éclore bien d'autres publications, et il serait impossible de les énumérer toutes : signalons cependant celles de M. le baron *Baude*, de M. *Évariste Bavoux*, de M. *Enfantin*, de M. *Desjobert*, pessimiste inébranlable au sujet de notre possession africaine. Mais les plus importants travaux qu'ait inspirés notre belle colonie, ce sont ceux de la *Commission scientifique d'Algérie*, dans laquelle nous remarquons la part qu'ont prise MM. *Carette, Renou, E. Pellissier, A. Berbrugger, N. Périer, Bory de St-Vincent, Durieu, G. Aimé, Deshayes, N. Lucas, de Maisonneuve, Ravergie*, les uns pour la géographie et l'histoire, les autres pour la physique, la météorologie ou l'histoire naturelle. Le général *Daumas* a écrit sur le Sahara algérien un des meilleurs livres de notre époque, et il a le plus contribué à détruire l'idée fausse qu'on se faisait de ce désert, représenté jusqu'alors comme une plaine brûlée et d'une nudité absolue, tandis qu'il est parsemé de délicieuses oasis.

Le *Ministère de la guerre* publie presque chaque année un tableau de la situation des établissements français en Algérie, et on lui doit aussi l'Annuaire algérien. M. le maréchal *Vaillant* a présenté des rapports remarquables sur l'Algérie; MM. *Carette* et *Warnier* ont fait des cartes fort estimées de cette colonie; M. le baron *Roger*, M. l'abbé *Boilat* et M. *Faidherbe* ont fourni de nombreux renseignements sur le Sénégal; M. *Beaudouin* a donné une carte du Maroc; M. M. *Daux, Prax*, des cartes et des plans relatifs aux régences de Tunis et de Tripoli; M. *Fulgence Fresnel*, une notice sur le Ouadây.

Le *Journal des Missions évangéliques*, les *Annales de la propagation de la Foi*, sont remplis de faits géographiques, qui se montrent à travers la narration naïve des efforts des missionnaires pour répandre la parole de Dieu chez les peuples lointains : que de renseignements ces hommes dévoués ont procurés sur l'Afrique australe, sur l'Asie orientale, sur l'Océanie !

On doit au *Ministère du commerce, de l'agriculture et des travaux publics* une grande Statistique de la France et les Annales du commerce extérieur; à l'*Administration des douanes*, des tableaux généraux du commerce de notre patrie. M. *Schnitzler* a donné la statistique de la France et celle de la Russie.

M. *de Santarem*, d'origine portugaise, mais qui a passé en France une grande partie de sa vie, a été l'un des érudits les plus versés dans la géographie du moyen âge, dans l'histoire des découvertes des Portugais et dans celle de la cartographie : il a entrepris, comme M. Jomard, une grande publication de facsimile des anciennes cartes; il a fait connaître, en particulier, l'atlas manuscrit de *Guillaume Le Testu*, cosmographe français, qui dédia à Coligny ce bel ouvrage, où sont résumées toutes les connaissances géographiques de l'époque (1555); il a publié la chronique de la conquête de Guinée, par Azurara; il a écrit sur les voyages d'Améric Vespuce; il a expliqué ceux de Gil Eannès; il a examiné avec détail les premières explorations des Portugais; mais là s'élève un grave désaccord entre son opinion et celle de plusieurs autres savants critiques, particulièrement de M. d'Avezac : il soutient que les nations maritimes de l'Europe n'ont point connu au moyen âge la côte occidentale de l'Afrique au delà du cap Bojador, avant les découvertes effectuées par les Portugais sous Henri le Navigateur. Il nous semble que des preuves bien irrécusables militent contre lui; et le respect que nous inspire le jugement d'un savant aussi illustre ne peut nous empêcher d'embrasser une idée différente de la sienne.

M. *de La Roquette* a donné de bons renseignements sur la géographie des pays scandinaves, et il a écrit la biographie d'un grand nombre de géographes et de voyageurs.

La période qui nous occupe a vu se terminer le grand Dictionnaire géographique universel par une société de géographes, dont nous avons déjà parlé; cet ouvrage a servi de base à de nombreux dictionnaires moins considérables : celui de *Hyacinthe Langlois*; celui de *J. Mac-Carthy*; celui de *Rienzi*, géographe plus capable de traiter l'Océanie, objet particulier de ses études, que la géographie générale; ceux de MM. *Meissas* et *Michelot*, de MM. *Ennery* et *Hirth*, de M. *Bouillet*; celui de M. *Adrien Guibert*, un des meilleurs, très-consciencieusement élaboré, très-scrupuleux pour l'orthographe des noms propres, poussée parfois jusqu'à une roideur fatigante à la lecture, mais auquel nous reprocherons quelques lacunes, un plan un peu irrégulier quant à la dimension des articles, là trop peu complets, ici trop développés, et accompagnés d'une statistique interminable et malheureusement disposée sans tableaux. Ajoutons le Dictionnaire de MM. *Bescherelle* et *Devars*, qui se publie en ce moment, et dont nous ne voulons pas faire la critique, par ce principe de Voltaire, que, si l'on ne doit aux morts que la vérité, on doit des égards aux vivants. Tous ces lexiques ont d'estimables parties, et sont cent fois au-dessus des Vosgien, des Boiste et des Aynès auxquels la génération précédente était réduite; mais, avouons-le, un bon dictionnaire portatif, parfaitement exact, clair, méthodique, enrichi de saines étymologies, d'une harmonie convenable dans tous ses détails, reste encore à faire parmi nous.

Au nombre des dictionnaires utiles, il ne faut pas oublier le Glossaire de marine de M. *Jal*.

M. *P. Lapie*, aux travaux de qui a participé M. *Émile Lapie*, son fils, a continué, dans cette période, à produire ses belles cartes, surtout sur la Turquie, la Perse, les itinéraires des anciens, et il a terminé un grand atlas universel, fort goûté du public. MM. *Dufour, Charle, Duvotenay, Vuillemin, Charles Poyard, Huc, Rousseau, Desmadryl, Chartier, Calmelet, Frémin, Darmet, Donnet, Bineteau,* sont des cartographes estimés.

MM. *Bouffard, Deluzenne, Carolus, George, Cosquin, Jacobs, Chassant, Hacq, Carré, Erhard-Schieble, Barthélemier, Delamarre, Marlier, Dyonnet, Avril* frères, sont nos principaux graveurs en géographie, sur cuivre, sur acier ou sur pierre.

M. *Imbert des Mottelettes* a fait un important atlas historique des temps modernes; M. *Nicolet*, un atlas physique. M. *Blumenthal* a commencé, dans le goût allemand, un petit atlas très-soigné, que la mort l'a empêché de terminer.

Nommons encore les atlas de M. *Guill. Barbié du Bocage*, de M. *Heck*, de M. *Monin*, de M. *Houzé*; les cartes murales de M. *Paul Mabrun;* quelques cartes spéciales de M. *Sagansan*, pour la télégraphie, les postes, etc.

M. *L. Dussieux* est un de nos géographes les plus exacts et les plus judicieux : il a composé des atlas généraux et historiques, que leur clarté, leur netteté, leur distribution méthodique, la sage sobriété de leur nomenclature, distinguent agréablement de la confusion de la plupart des ouvrages de ce genre. M. *F.-A. Garnier* prépare un atlas très-considérable, dont les feuilles publiées annoncent le soin le plus minutieux et montrent que l'auteur n'épargne rien pour parvenir à présenter l'état actuel complet du globe.

On doit mentionner les traités et les atlas élémentaires de MM. *Ansart, Poulain de Bossay, Meissas* et *Michelot, Magin, Barberet, Sanis, Th. Lavallée*, professeur de géographie à l'École militaire de St-Cyr.

Nous est-il permis de nous citer aussi parmi ceux qui ont cherché à répandre le goût de la géographie et à en faciliter l'étude? Oserons-nous dire que, si la jeunesse a pris plus d'intérêt à cette branche des connaissances humaines, et si l'enseignement en a été assez heureusement modifié, nous y avons contribué pour une certaine part?

Un ouvrage plus considérable que les nôtres, et que nous aurions dû sans doute citer auparavant, c'est l'*Abrégé* de M. *Adrien Balbi*, abrégé très-étendu, et qui fait autorité : c'est l'œuvre de beaucoup de recherches, de beaucoup de soins, d'élucubrations statistiques excellentes et puisées à de bonnes sources. Pourquoi faut-il avoir à blâmer la lourdeur du style et des dispositions, une certaine enflure, une certaine prétention emphatique à posséder presque exclusivement l'arsenal des bons matériaux.

La géographie ancienne, un peu moins cultivée que dans les périodes précédentes, a été cependant l'objet de quelques importants travaux, tels que le Lexique de géographie comparée, de M. *O. Mac-Carthy;* les recherches des jeunes savants de l'École française d'Athènes ; les doctes rapports sur les travaux de cette École, par M. *Guigniaut,* qui occupe avec distinction la chaire de géographie à la Faculté des lettres de Paris, la seule chaire de ce genre qui existe dans les facultés françaises. M. *Isambert* a consacré de profondes études à la géographie ancienne de l'Orient, et particulièrement de la Palestine. M. *Emmanuel Miller* et M. *Ch. Müller* ont voué de remarquables travaux aux géographes anciens. M. *Ernest Desjardins* s'est principalement occupé de la topographie du Latium.

MM. *Abel Hugo, Duruy,* les auteurs de l'ouvrage nommé *Patria,* MM *Bazin* et *Cadet,* M. *V.-A. Malte-Brun,* ont fait de bons travaux géographiques sur la France; M. *Girault de St-Fargeau* a donné un Dictionnaire géographique fort développé de notre pays; enfin nous devons citer un travail fort utile, quoique, par sa nature, sans aucun mérite littéraire, le Dictionnaire des communes de France, par M. *Briand de Verzé.* M. *de Caumont* est connu par ses cartes agronomiques. M. *Chatelain* a fait un curieux atlas chronologique des chemins de fer français. Qu'il nous soit permis de citer aussi notre carte des *Célébrités* de la France, travail qui nous a coûté bien des recherches et que nous avons eu le bonheur de voir goûté des esprits sérieux.

Parmi les Guides nombreux qu'on a composés pour faire apprécier au voyageur les curiosités diverses de notre belle patrie, nous mentionnerons le *Guide pittoresque du Voyageur en France,* qu'a publié la librairie *Didot,* et les Guides plus récents que la librairie *Hachette* a fait entrer dans l'excellent choix de sa *Bibliothèque des chemins de fer.*

Nos possessions de l'Océanie ont donné lieu à d'assez nombreux écrits, parmi lesquels on remarque l'ouvrage de MM. *Vincendon-Dumoulin* et *Desgraz* sur les Marquises; le capitaine *Mallet* a décrit les îles Sandwich et Wallis. M. *Gaussin* s'est surtout occupé du dialecte de Taïti et des Marquises.

M. *Coulier* a publié des tableaux très-considérables des positions géographiques et un atlas important des phares et fanaux.

Que de productions cartographiques, que de livres aux titres superbes a fait éclore la guerre redoutable qui a pendant deux ans embrasé l'Orient et qu'une bienfaisante paix vient de remplacer si heureusement! Mais combien peu méritent d'être cités! La plupart sont des copies d'anciens travaux, hérissées de fautes, fruits hâtés et misérables du mercantilisme. C'est toujours aux cartes du Dépôt de la guerre français, de l'état-major russe, aux cartes marines des amirautés russe, française, anglaise, danoise et suédoise, qu'il faut en revenir pour ces parages. Signalons cependant les travaux sur la mer Noire publiés par M. *Corréard.* L'atlas de la mer Noire, par M. *Taitbout de Marigny,* antérieur à la guerre, mérite aussi d'être consulté. MM. *Hellert, Heck* et *L. Plée* ont fait un atlas intéressant de l'empire Ottoman. M. *Ubicini* a publié sur la Turquie des écrits très-estimés; et M. *Viquesnel,* dont nous avons déjà mentionné les importants voyages dans ce pays, fait paraître en ce moment, sur l'empire Ottoman, un des plus consciencieux et des plus savants ouvrages. Enfin il faut rattacher aux principaux travaux qu'on a, parmi nous, publiés sur la Turquie, le Monde gréco-slave de M. *Cyprien Robert.*

Un célèbre économiste, M. *Michel Chevalier,* a consacré un ouvrage considérable aux voies de communication dans les États-Unis. M. le comte de *Saint-Priest,* éditeur de l'Encyclopédie du xixe siècle, a publié un bel ouvrage sur les antiquités mexicaines. MM. *Louis* et *Charles Reybaud,* si connus par d'élégantes œuvres littéraires, ont aussi voué plusieurs de leurs travaux à la géographie, en écrivant, le premier, particulièrement sur l'Océanie et l'Égypte; le second, sur le Brésil.

Les principaux auteurs de globes et de sphères, depuis *Dien*, sont MM. *Grossellin, Sauret-Andriveau, Thury.* Les appareils cosmographiques les plus ingénieux, les plus simples, les plus propres à faire bien comprendre les rapports de la Terre avec le Ciel, ont été inventés par M. *Henri Robert;* M. *Guénal* a fait aussi, dans le même but, des machines remarquables, comme, dans la période précédente, en avaient fait *Fortin, Loysel, Jambon, Adhémar, Rouy, J. Jump, Wally.* Signalons, en terminant cet aperçu des progrès de la France, les cartes cosmographiques de MM. *Dien* et *Bouvard*.

L'Angleterre aime la géographie et la cultive avec ardeur : que d'auteurs et de cartographes s'y présentent sous notre plume ! Le colonel *Jackson* a laissé de nombreux écrits géographiques, entre autres l'*Aide-Mémoire du voyageur*, si utile pour diriger les jeunes explorateurs. M. *Ch. Beke* a entrepris la refonte de la géographie biblique, basée sur l'unique considération des textes saints. La géographie sacrée a aussi inspiré les cartes, les atlas ou les traités de MM. *Palmer, Creighton, Kitto, Hughes.*

Sir *John Barrow* a couronné sa longue et belle carrière par l'histoire des voyages de découvertes dans les régions arctiques, depuis 1818 jusqu'à 1846. M. *Desborough Cooley* a donné une excellente histoire abrégée des voyages jusqu'en 1840, et des aperçus ingénieux sur l'intérieur de l'Afrique. Ce continent a aussi exercé la sagacité de M. *Mac-Queen*, de M. *W. B. Hogdson*, de M. *Allen* et d'un grand nombre d'autres géographes anglais, sans parler des voyageurs que nous avons déjà cités.

M. *Rudge*, le colonel *Sabine*, M. *Whewell*, sir *Robert Schomburgk*, M. *Findlay*, ont fait d'importants mémoires sur le magnétisme terrestre, sur les marées, sur les courants de la mer. Le capitaine *J. Washington* est connu par ses écrits sur la marine, sur le Maroc, etc.

L'un des plus célèbres monuments cartographiques anglais est la grande carte topographique d'Angleterre, connue sous le nom d'*Ordnance Map*, qui, commencée sous la direction du colonel *Mudge*, a été continuée sous celle du colonel *Colby*. D'abord publiée à l'échelle d'un pouce pour un mille, elle a été recommencée à l'échelle de six pouces pour un mille, ou au 10560e ; cette dernière mesure est aussi celle de l'*Ordnance Map* d'Irlande, immense et curieux travail, qui compte environ 2000 feuilles. On distingue également la carte d'Irlande du lieutenant *Larcom*, à l'échelle de six lignes pour un mille. M. *Griffith* y a marqué les distributions géologiques. La grande carte géologique d'Angleterre (*Ordnance geological Map*) est une belle entreprise, qui a été confiée au savoir de sir *H. T. de La Bêche* et de sir *Roderick Murchison*. M. *Greenough*, déjà connu par sa belle carte géologique de la Grande-Bretagne, vient de donner celle de l'Inde. On s'occupe des levés nécessaires à la grande carte topographique d'Écosse, qui sera sans doute rivale de celles des deux autres contrées du Royaume-Uni ; en attendant, on peut consulter, entre autres, la carte fort détaillée de M. *Corrington*.

Mais la gloire principale de la cartographie anglaise, ce sont les belles cartes marines sur tous les points du globe, que publie avec activité l'*Hydrographical Office* (Dépôt de la marine) de l'Amirauté britannique.

Parmi les bons cartographes de cette période, se présente M. *John Arrowsmith*, qui a suivi brillamment les traces de son père; M. *John Purdy*; M. *James Wyld*, dont le public recherche les globes, les jolies cartes, les atlas bien composés, et, entre autres, le bel atlas des campagnes d'Espagne et du sud de la France, de 1808 à 1814; — M. *John Walker*, connu surtout par ses cartes de l'Hindoustan, des côtes de Chine, des pays au nord-ouest de l'Inde; — M. *Keith Johnston*, dont l'Atlas physique, imité de Berghaus, est un admirable ouvrage, et dont l'Atlas national est un ensemble très-complet et très-élégant des représentations géographiques du globe entier. L'Atlas commercial de M. *Philip* est un atlas universel aussi, et très-récent, très-considérable, qui nous paraît répondre parfaitement aux besoins géographiques du commerce.

Signalons les travaux de MM. *W. M. de Cadewell* et *Fred. Strong* sur la Grèce; les mémoires du major *Jervis* sur diverses parties de l'Inde; de M. *H. Wilson* sur l'Orient en général; de M. *Thomas Wright* sur toutes sortes de sujets, où se montre une érudition sûre. M. *Raper* a donné un excellent ouvrage sur la pratique de la navigation, l'astronomie nautique et les positions géographiques de nombreux points du globe.

M. *Moule* a publié une description des comtés anglais, accompagnée de cartes; M. *Gorton*, un dictionnaire de l'Angleterre; M. *Lewis*, un dictionnaire de l'Irlande. Parmi les dictionnaires universels, on distingue l'*Imperial Gazetteer* de M. *Blackie*, qui est orné d'un grand nombre de petites vues et de plans singulièrement propres à répandre de la clarté et de l'intérêt dans la lecture des articles; le dictionnaire de M. *Mac-Culloch*, l'Encyclopédie (*Cyclopædia*) de M. *Ch. Knight*. Quant à l'Encyclopédie géographique de M. *Hugh Murray*, ce n'est pas un dictionnaire, mais un excellent traité méthodique, très-populaire, ainsi que les Éléments de M. *Guy*.

M. *W. Smith* achève en ce moment son bon dictionnaire de la géographie des Grecs et des Romains; M. *Wheeler* a traité la géographie d'Hérodote; l'amiral *Henry Smyth* a fait un magnifique ouvrage intitulé la Méditerranée, fruit des connaissances complètes acquises sur cette belle mer par l'habile marin, qui l'a si longtemps étudiée.

M. *Prichard* a composé sur l'histoire naturelle de l'homme un ouvrage remarquable. La *Société ethnologique* de Londres a contribué beaucoup aussi à avancer l'étude des races humaines, comme la *Société royale géographique* contribue puissamment à l'étude générale et complète du globe, par les médailles qu'elle décerne, par les cartes qu'elle publie, par son substantiel journal, dont son secrétaire, M. *Norton Shaw*, est depuis longtemps le rédacteur. La Société *Hakluyt*, qui a pris ce nom en l'honneur d'un célèbre éditeur du xvie siècle, se voue avec une louable persévérance à la publication des anciens ouvrages peu connus. La *Société des missions* publie le *Church missionary Intelligencer*, qui contient les renseignements donnés par les missionnaires anglais sur les pays si divers où leur zèle les entraîne. Enfin la *Société asiatique* et la *Société géologique* de Londres, la *Société pour la diffusion des connaissances utiles*, n'ont cessé d'apporter à la géographie leur important tribut.

Des trois grands pays qui marchent à la tête de la civilisation de l'Europe, l'Allemagne est celui auquel nous paraît appartenir la palme du progrès dans la géographie générale. Rendons d'abord hommage aux cartes si claires, si consciencieuses, si exactes, des *Henri Berghaus*, des *Kiepert*, des *Stieler*, des *Stülpnagel*; à M. *C. Ritter*, qui a continué sa grande Géographie, ce monument le plus considérable que le xixe siècle ait encore élevé à cette science, mais dont le plan est si vaste, que nous craignons que la description de toute la Terre ne puisse s'achever. M. *Alex. de Humboldt*, ce vénéré doyen des géographes, que nous avons cité à la tête des savants français, se retrouve encore ici à la tête des savants allemands; il a voulu couronner sa brillante carrière en composant dans sa langue maternelle ce magnifique *Cosmos*, qui est le tableau général et poétique de l'Univers. M. de *Hammer* a approfondi la géographie des Orientaux; M. *Sickler* a donné un savant *Corpus geographorum græcorum et latinorum*; MM. *Meidinger, Hauslab, Meinecke,* d'*Orlich, Koner, Biernatzki, Kriegk, Reinganum,* se sont livrés à des travaux divers, que l'on ne peut énumérer ici. M. *Henri Berghaus*, indépendamment de son bel atlas de géographie physique et d'un grand nombre d'autres cartes précieuses, a publié des ouvrages considérables, entre autres, les Annales de la géographie. MM. *Grotefend, Kramer, Löwenberg, Wappœus, Kulb,* se sont surtout voués à la géographie historique. M. *Benfey* a fait un beau travail sur l'Inde. MM. *Forbiger* et *Freyhold* sont connus par leurs travaux de géographie ancienne; M. *Raumer,* par ses recherches sur la géographie biblique; MM. *Schafarik* et *Kaulfuss* ont fait de grandes études sur les races slaves et gothiques; M. *Buschmann,* sur les langues de l'Océanie. MM. *Bobrik, Hermann, Curtius, O. Müller, Aldenhoven, Brandis,* se sont plus particulièrement occupés de la Grèce; MM. *Lüdde, Selten, Ungewitter,* de la géographie générale. M. *J. H. Möller* a fait un bon dictionnaire de géographie universelle; MM. *W. Hoffmann, Winderlich* et *Kramer* en ont donné un autre, qu'ils ont placé sous la protection d'un grand nom, en l'appelant *Ritter's Lexicon*. M. *J. W. Müller* a publié un dictionnaire de géographie ancienne; M. *Martens,* un *Städte-Lexicon,* dictionnaire des villes d'Europe; M. *Sommer,* un Almanach géographique; M. *J. T. W. Hoffmann,* un Journal de géographie ancienne; M. *A. Hoffmann,* un Journal du commerce, de la géographie et des arts; M. *Widenmann,* un Journal géographique intitulé *Ausland* (l'Extérieur); M. *W. Schubert,* un Manuel de statistique universelle; M. *OEsfeld,* le *Kartenfreund* (l'Ami des cartes), dont le but est l'examen de toutes les cartes géographiques; la grande Librairie géographique *Simon Schropp,* le Guide critique des cartes. M. *de Littrow* a donné un des tableaux les plus complets des positions géographiques.

Que de cartes intéressantes sont dues aux établissements bien organisés des principales administrations de l'Allemagne : au *Bureau trigonométrique du corps royal d'état-major prussien*, au *Bureau statistique* et au *Bureau topographique de Berlin*, à l'*Institut impérial militaire géographique* et au *Bureau topographique de Vienne*, etc.! La grande carte topographique de Prusse, au 80000e, la grande carte d'Autriche, sous la direction de M. *Skribaneck*, la carte de Würtemberg, au 50000e, la carte cadastrale de Bavière, une des plus parfaites qui aient été entreprises, l'atlas topographique du grand-duché de Bade, la carte topographique du grand-duché de Hesse, sous la direction de M. *Eckhardt*, sont les principaux produits de ces savants *bureaux* institués dans les principales capitales des États allemands. Nommons encore la carte des cercles de la Westphalie par M. *Emmerich*, au 100000e ; la carte trigonométrique du royaume du Hanovre, par le capitaine *Papen* ; la carte de l'Électorat de Hesse, par M. *Reuss* ; la carte de Prusse de M. *Engelhardt* ; les cartes de Saxe de MM. *Oberreit* et *Wiemann*.

M. *Eug. Huhn* a fait un grand dictionnaire géographique d'Allemagne ; M. *Raffelsperger*, un grand dictionnaire et des cartes de la monarchie autrichienne ; M. *Schmidl*, une description de cette même monarchie ; M. *Heidemann*, un dictionnaire topographique de Prusse ; M. *Memminger*, une description du Würtemberg. Un atlas maritime prussien a été dressé par les ordres du ministère du commerce de Prusse. M. *Handtke* a donné une grande carte de la monarchie prussienne, et l'une des meilleures cartes de Crimée que la dernière guerre ait fait éclore.

La grande carte topographique d'Allemagne, en 342 feuilles, commencée par *C.-D. Reymann*, a été continuée par M. *Œsfeld*.

MM. *Siebert* et *Klein* sont connus aussi par des cartes générales de l'Allemagne ; M. *Klöden*, par la carte des régions voisines de la Baltique ; M. *Aszalay de Szendro*, par une carte de Hongrie et des pays qui s'y rattachent. M. *Constant Desjardins* a fait beaucoup de cartes, où règne une saine intelligence de la géographie : les principales sont relatives à l'Allemagne et à l'Autriche.

MM. *Kutscheit, Menke, Kortmann, Bensen, Hagelhaus*, ont rédigé de bons atlas de géographie ancienne et historique. A côté des atlas généraux de MM. *Kiepert, Stieler, Stülpnagel* et *Berghaus*, qui jouissent au premier rang de la faveur publique, il faut citer ceux de MM. *Spruner, Löwenberg, Glaser, Bommerich, Platt, Gross, Wedell, Streit, Roost, Wagner, Lohr, Bauerkeller, Ziegler, C. Vogel, Sydow*. MM. *Lehmann, Ph. Pfeiffer, Riese*, ont donné de jolis modèles de dessins topographiques et de principes cartographiques. MM. *Grimm* et *Mahlmann* ont fait un atlas pour l'Asie de Ritter, et et M. *Bromme* en a consacré un au Cosmos de Humboldt. On doit à M. *C. Zimmermann* une des meilleures cartes du bassin du Nil ; à M. *Endlicher*, des cartes de Chine ; à M. *Wœrl*, des cartes d'Europe et d'Allemagne ; à M. *Joseph Scheda*, une bonne carte générale de l'Europe ; à M. *Koch*, d'importantes cartes du Caucase et de la Transcaucasie, à MM. *de Moltke, de Vincke* et *Fischer*, des cartes détaillées de plusieurs parties de l'Asie Mineure ; à M. *Stüder*, des cartes des Alpes et de la Suisse ; à M. *Bedeus*, un atlas historique de Hongrie ; à M. *Kausler*, un atlas des batailles.

Les cartes géognostiques et géologiques ont reçu en Allemagne une brillante impulsion : nous remarquons celles de MM. *Kœnig, Völter, Forchammer, Back, W. Haidinger, Cotta*. M. *Leonhard* a étudié surtout les phénomènes volcaniques, et a fait un atlas des volcans; M. le baron *Sartorius de Walterhausen* a composé un atlas de l'Etna. MM. *de Canstein* et *Rudolph*, marchant sur les traces de *Schouw*, ont consacré d'intéressantes cartes à la géographie des plantes. M. *Olsen* s'est distingué par ses cartes orographiques ; M. *Helmuth*, par un atlas de géographie physique; MM. *Ober-Müller* et *Ch. de Czœrnig*, par leurs cartes ethnographiques; M. *Wiltsch*, par un atlas ecclésiastique ; M. *Rothenburg*, par ses cartes militaires; MM. *Gauss* et *Weber*, par leurs cartes magnétiques. M. *Kohl* a rédigé une carte historique d'Amérique, où, par un mélange ingénieux de couleurs et de signes, se montrent d'un coup d'œil toutes les découvertes faites successivement dans cette partie du monde.

Il est des cartes allemandes qui offrent un grand intérêt : ce sont celles qu'on appelle *Sprachkarte*, cartes de langues; elles présentent les éléments divers dont se compose la population de chaque pays, et elles sont bien précieuses surtout pour les États où les peuples sont variés, comme dans l'Autriche, la Turquie, la Russie. Les Allemands ont consacré avec sagacité d'autres cartes spéciales à toutes sortes de sujets : M. *Zindl* a fait une carte industrielle du Zollverein; M. *Stolle*, des cartes pour les principales productions du globe (le fer, le sucre et autres); M. *Schumann*, une carte télégraphique, etc. Les Allemands ont aussi le goût des cartes murales, si utiles pour les écoles : nous remarquons celles de MM. *Roost, Becker, Gottschik, Sydow, Schaumburg, Rohlfs*.

Nommons encore, parmi les cartographes allemands, M. *Herman Berghaus*, M. *Ohmann*, M. *Witzleben*.

Le goût de la géographie est vivement entretenu en Allemagne par des sociétés et des établissements florissants : la *Société géographique de Berlin*, dont le journal, d'abord rédigé par MM. *Mahlmann* et *Lehmann*, l'est aujourd'hui par le docteur *Gumprecht*, un des plus savants géographes allemands; la *Société géographique de Francfort*, fondée en 1836; la *Société de géographie et des sciences accessoires*, créée à Darmstadt en 1845; enfin, et surtout, l'*Établissement géographique* de M. *Justus Perthes*, à Gotha, cette savante petite ville, qui dispute et ravit peut-être à sa voisine Weimar le titre d'Athènes de l'Allemagne, et qui, depuis longtemps connue par son joli et ingénieux Almanach, voit aujourd'hui sortir de ses presses bien d'autres publications plus importantes et généralement excellentes; M. *Aug. Petermann*, qui a longtemps fixé son séjour à Londres, est venu depuis peu apporter à cet établissement le concours de son savoir, de son talent, de sa vaste correspondance : il y publie l'excellent journal mensuel des *Mittheilungen* (communications) géographiques.

La Belgique possède aussi un *Établissement géographique* célèbre : c'est celui de M. *Vander-Maelen*. Aux portes de Bruxelles, s'élève une vaste et élégante habitation, accompagnée de jardins pittoresques : là sont réunies des collections de cartes, de sphères, d'images ethnographiques, de productions naturelles de tous les climats; là sont des cabinets d'étude où les travaux géographiques se préparent, et des ateliers considérables où l'art matériel et industriel donne aux produits de l'intelligence la forme la plus convenable pour les besoins du commerce. Des cartes générales et topographiques de Belgique, une carte très-détaillée de l'Europe, un dictionnaire de la Belgique, se font remarquer parmi les publications nombreuses de cette utile institution. MM. *Havard* et *Maerts* ont composé aussi des dictionnaires de la Belgique; M. *Cauchy* a donné une carte industrielle de ce pays; M. *Heuschling* en a publié la statistique. M. *Schmerling* est connu par une géographie paléontologique.

Les Pays-Bas nous offrent dans la dernière période une assez abondante moisson de bons travaux géographiques : le principal est sans doute la carte topographique et militaire du royaume, levée par les officiers de l'*état-major général hollandais* et gravée au 50000e.

Remarquons aussi l'atlas des Pays-Bas, par M. *F. Desterbecq*; la grande carte provinciale topographique de ce royaume, dont quatre ou cinq feuilles sont consacrées à chaque province; l'atlas historique de ce même pays, par M. *Mees*; la carte de la monarchie néerlandaise, par M. *Holle*; le dictionnaire géographique des Pays-Bas, par M. *Vander-Aa*. Les officiers de la marine hollandaise ont composé de très-bonnes cartes hydrographiques, représentant surtout les parages où domine cette nation : ainsi, la carte des îles à l'est de Java, par M. *Van de Velde*. Le *Journal de la marine* est une publication importante. Il faut citer également le Recueil descriptif, historique et géographique de l'Inde néerlandaise, par le capitaine *Ronda van Eysingha*; le Traité de l'histoire naturelle des possessions hollandaises dans les Indes orientales, par M. *Muller*; le Répertoire de cartes publié par l'Institut royal des ingénieurs néerlandais, et les cartes des possessions néerlandaises de la Malaisie, par M. *Von Derfelden de Hinderstein*.

Le Danemark pleure la perte récente d'un célèbre astronome et géographe, *Schumacher*, dont les travaux géodésiques ont été considérables, et qui a laissé une importante carte topographique du Holstein. Le *Dépôt de la marine de Copenhague* (*Sœe Kaart Archiv*) a publié, sous la direction de M. le capitaine *Zahrtmann*, les cartes des côtes danoises et du voisinage; M. *Hjorth* a dressé aussi des cartes marines très-développées de toute la Baltique. Remarquons également les cartes du Danemark, par le major *Olsen*, M. *J. H. Mansa* et M. *Bull*; les cartes d'Islande, par M. *Gunlöksen* et M. *Olsen*.

Les principaux ouvrages géographiques que nous offrent la Norvége et la Suède, consistent en cartes : le prince héréditaire de la monarchie scandinave, le *duc de Scanie*, a donné un noble exemple, en rédigeant lui-même des cartes pleines d'intérêt, où sont indiquées l'hypsométrie, les distributions forestières et les richesses métallurgiques de sa patrie. On distingue les cartes hydrographiques de Norvége par MM. *de Klint, Vibe, Hagerup, Paludan*; les cartes de Norvége, par MM. *Roosen* et *Munch*; la carte de Suède et de Norvége, par M. *Stok*. M. *Hansteen*, un des plus savants hydrographes du Nord, est bien connu par ses Instructions nautiques et par son Atlas magnétique. Mentionnons aussi la description statistique de la Norvége, par M. *Blom,* et l'ouvrage important que M. *Keilhau* a consacré à cette même contrée, sous le titre de *Gœa Norvegica.*

Nous avons déjà dit avec quelle activité l'administration et les sociétés savantes de Russie cherchent à procurer la connaissance complète de ce vaste empire. La Société géographique impériale, fondée en 1845, a fait publier de grands travaux géographiques, tels que l'atlas du gouvernement de Tver, la carte de l'Oural, etc. ; ses mémoires, les comptes rendus de ses séances, rédigés par son secrétaire M. *Milutine,* sont extrêmement instructifs. MM. *Baer* et *Helmersen* réunissent dans un grand ouvrage tous les documents pour la connaissance de l'empire Russe et des pays asiatiques voisins. M. *Kuppfer* publie des observations météorologiques et magnétiques d'une grande importance. Le *Département des mines* fait connaître la statistique des districts miniers, si considérables de la Russie. M. *Erman,* dont nous avons mentionné les longs voyages, a fait de grandes publications sur la géologie, les phénomènes volcaniques, le Kamtchatka, et consacré des Annales à la connaissance scientifique de la Russie; M. *Helmersen* a donné une carte géognostique de la Russie; le célèbre astronome *Struve* a dressé des tables des principales positions géographiques de l'empire; M. *Köppen* a principalement porté ses investigations sur l'ethnographie et la statistique de cet immense pays; M. *Brosset* a surtout dirigé les siennes vers le Caucase et la Transcaucasie, et il a publié la géographie de la Géorgie, par *Wakhoucht;* M. *Khanikov* a dessiné des cartes intéressantes de l'Oural et de l'Aral; M. *L. Zimmermann* a fait connaître le théâtre de la guerre des Russes et du khanat de Khiva.

On doit au général *Schubert* une carte considérable de la moitié occidentale de la Russie d'Europe; à M. *Bulgarin,* une description générale de la Russie ; à M. *Stuckenberg,* une hydrographie russe très-détaillée. Le prince *Emmanuel Galitzin* s'est voué avec un zèle admirable aux progrès de la géographie ; il a publié, soit dans son pays, soit dans notre France qu'il aimait comme une seconde patrie, des travaux d'un grand intérêt sur la Finlande, sur les voyageurs russes, etc. Le prince *Labanov* était aussi l'un des amateurs de géographie les plus éclairés, et il a réuni une collection remarquable de cartes et de plans. L'*état-major de Saint-Pétersbourg* a, comme celui de Paris, donné les meilleures cartes topographiques : nous remarquons, entre autres, celle de la Crimée par le général *Moukhin,* imitée par M. *Jervis* et devenue si populaire parmi nous pendant la dernière guerre.

On sait la rare aptitude des Polonais pour les sciences, les lettres, les langues. Dispersés par l'exil, par les orages politiques, un grand nombre de savants de cette malheureuse nation ont porté ailleurs leur sagacité : au premier rang de ces ingénieux exilés, brille un grand géographe, M. *Lelewel,* qui a fixé son séjour à Bruxelles, et qui a porté, sur la géographie ancienne et sur celle du moyen âge, les plus précieuses lumières.

A une patrie plus heureuse, à la petite, mais libre Suisse, appartient M. *Osterwald,* qui s'est voué surtout à l'hypsométrie de son pays. Le général

Dufour dirige la belle carte de la Suisse, qui avait d'abord été confiée à M. *Finsler*, et que publie le *Bureau topographique fédéral*. On y distingue, sur une plus grande échelle que le reste, les feuilles du canton de Genève, d'une élégance si remarquable. M. le professeur *Paul Chaix*, de Genève, directeur de la *Bibliothèque universelle*, a voué à la géographie un grand nombre de ses meilleurs travaux. M. *Agassiz* a fourni sur les glaciers des observations importantes. M. *Vögelin* a donné un atlas historique de Suisse.

L'Espagne n'est malheureusement pas aussi féconde que cette petite république où se sont infiltrées à la fois la vivacité brillante de l'esprit français et la sagacité réfléchie de l'esprit allemand. Nous pouvons cependant citer avec éloge les cartes des différentes parties de l'Espagne, par M. *Coello*; la Géographie universelle de M. *Torrente*; le dictionnaire de l'Espagne, par M. *Madoz*; la carte de la Galice, par M. *Fontan*; les travaux de la *Direction hydrographique de Madrid*, dont le savant M. de *Navarrete* fut longtemps le directeur.

En Portugal, l'*Académie des sciences de Lisbonne* a fait, depuis un certain nombre d'années, de grandes publications sur la géographie historique; et les *Annales maritimes et coloniales*, commencées en 1843, ont fourni, entre autres notices intéressantes, de précieux documents sur les itinéraires entre l'Angola et le Mozambique.

L'Italie nous offre de plus nombreux et de plus importants travaux que la péninsule Hispanique. Le royaume de Sardaigne y marche au premier rang des progrès géographiques, comme des autres branches : M. le général *Albert de La Marmora* a donné une célèbre carte de l'île de Sardaigne, tandis que la grande carte topographique des États sardes de terre ferme était dressée par le *corps d'état-major* de ce royaume, sous la direction de M. le général *Annibal de Saluces*. L'*Institut géographique et militaire de Milan* a publié, au 86000e, d'élégantes cartes du royaume Lombard-Vénitien, des duchés de Parme, Plaisance et Guastalla, des États de l'Église; le gouvernement autrichien prépare une carte générale de l'Italie au 288000e, et c'est dans ce but qu'il a commencé, en 1841, une triangulation à travers l'État romain. Le gouvernement napolitain fait paraître, de son côté, une grande carte topographique du royaume de Naples, au 80000e. M. *Marzolla* a composé un grand nombre de cartes relatives aux Deux-Siciles; M. *Ferdinand de Luca* a beaucoup avancé aussi la géographie de ce royaume, et, parmi ses travaux très-divers, on distingue son Mémoire sur le caractère de la géographie au xixe siècle. MM. *Zanella* et *Casalis* ont fait des dictionnaires d'Italie; M. *Repetti*, des dictionnaires de la Toscane et des Deux-Siciles; M. *Annibal Ranuzzi*, un Annuaire géographique italien. Mais, de tous les ouvrages sur l'Italie générale qui ont été publiés dans cette dernière période, le plus important sans doute est la grande description par États qu'a donnée M. *Zuccagni Orlandini*, et qui est accompagnée d'un atlas géographique et d'un atlas *illustratif*. C'est en Italie qu'*Eugène Balbi*, fils d'Adrien, continue les traditions géographiques de son célèbre père : il a publié à Turin de bons traités généraux.

La Grèce, en reconquérant sa liberté, a repris l'amour des arts et des lettres, et ses efforts, quoique modestes encore, méritent des félicitations : elle a produit en géographie quelques bons livres généraux, suivis dans la florissante université d'Athènes. MM. *Papadopoulo Vréto* père et fils ont écrit sur la géographie archéologique et sur la Grèce actuelle. M. *G. E. Joannes* a donné une carte de la Méditerranée.

La Turquie aussi a fait des progrès remarquables dans les sciences depuis les sages réformes de Mahmoud et d'Abdul-Medjid : la géographie, en particulier, doit à l'administration turque des annuaires statistiques où sont mentionnées toutes les divisions et subdivisions de l'empire.

Le midi de l'Asie, cette Inde anglaise qui forme un si étonnant empire, est un centre brillant d'investigations et de publications, parmi lesquelles la géographie a une grande part : Calcutta, avec sa *Société asiatique du Bengale*; Bombay, avec sa *Société géographique*, fondée en 1831 ; Singapour, avec son *Journal de l'archipel Indien*, qui se publie sous la direction éclairée de M. *Logan*, sont les trois grands foyers de la science anglaise dans cette partie du monde. Le principal produit des travaux géographiques qu'on y a entrepris est la grande carte de l'Inde, à l'échelle d'un pouce pour quatre milles ; cette carte s'appuie sur l'immense triangulation faite par les soins de MM. *Lambton* et *Everest*, depuis le cap Comorin jusqu'au pied de l'Himalaya, triangulation qui est un des plus beaux monuments chorographiques, et certainement le plus vaste dont aucun peuple puisse se glorifier. M. *J.-B. Tassin* a publié des cartes assez étendues de l'Inde; M. *Thornton*, un dictionnaire très-développé et très-estimé.

Les savants chinois, nous l'avons déjà dit, cultivent la géographie avec prédilection : parmi les traités les plus récents, on remarque celui que *Sen-Ke-Yu*, haut fonctionnaire de l'empire, a publié en 1849, avec une mappemonde et d'autres cartes.

L'introduction naïve de cet auteur donne l'idée de l'état d'ignorance où les habitants du Céleste-Empire étaient encore alors sur le reste du monde : « Autrefois, dit-il, nous connaissions bien l'existence d'un océan glacé, situé au nord ; mais nous n'avions jamais ouï dire qu'il y en eût également un au midi. Aussi, quand les hommes d'occident nous montrèrent des cartes où ce second océan de glace était figuré, nous crûmes que, faute de comprendre la langue chinoise, ils avaient commis une erreur, et placé au sud ce qui devait être au nord. Mais, en nous informant de ce point auprès d'un Américain, d'un certain Abeel (missionnaire), il nous a dit que la chose était certaine, et maintenant elle nous paraît, en effet, incontestable. » Le géographe chinois traite mieux notre Europe et les Européens qu'on n'aurait pu s'y attendre. « Ce pays est très-fertile, et ses productions sont abondantes. Les habitants sont d'un caractère doux et prudent; très-sages pour concevoir des plans et encore plus hardis pour les exécuter. Ils fabriquent, avec le bois et les métaux, des ouvrages d'une forme exquise. Ils sont aussi étonnamment adroits dans l'usage qu'ils tirent du feu et de l'eau. Ils font admirablement bien les agrès et tout ce qui concerne les vaisseaux, et ils mesurent la mer sans se tromper d'un pied ou même d'un pouce.

C'est ainsi qu'ils arrivent en Chine, sans s'égarer et en très-peu de temps, quoiqu'il y ait plus de 70000 *li* (7000 lieues) de distance. »

Les cartes chinoises, dont on peut voir un assez grand nombre au département des collections géographiques de la Bibliothèque impériale et au Musée ethnographique du Louvre, sont sans proportions, il est vrai, mais non sans élégance et sans pittoresque : les fleuves et les mers, avec leurs vagues vertes et leurs navires pavoisés, les montagnes, avec leurs lointains bleus et leurs bois verdoyants, les pagodes, les villes fortifiées, les tours, les bouquets de bois, tout cet ensemble, marqué des couleurs vives si chères aux Chinois, forme un effet curieux et assez agréable.

La colonie hollandaise fixée depuis longtemps dans une petite île du Japon, compte souvent des hommes instruits qui font des observations intéressantes sur cet empire. MM. *Meylen, Overmeer-Fischer* et *Doeff,* membres du comptoir de Désima, ont publié des ouvrages qui jettent du jour sur cet extrême Orient. Les Japonais aussi ont fait des cartes et des descriptions de leur pays.

En Afrique, il y a aujourd'hui trois centres scientifiques principaux : l'un est l'Égypte, où les savants européens, surtout les Français, secondent les efforts de l'administration du vice-roi, et en reçoivent à leur tour des encouragements : nous avons déjà parlé de *Linant-Bey,* de *Clot-Bey,* de *Mougel-Bey.* Le second est l'Algérie, siège de si beaux travaux des officiers français; le troisième est le Cap, où les Anglais réunissent et publient de bons documents.

L'Amérique septentrionale s'élève brillante rivale de l'Europe pour les progrès des sciences : que de produits géographiques nous pourrions citer dans les États-Unis, où cette étude est extrêmement populaire ! Au premier rang, se présentent les cartes du lieutenant *F. Maury,* qui ont été si profitables à la navigation, par des renseignements ingénieux sur les vents et les courants de tous les océans; elles ont permis d'abréger considérablement le temps des traversées; elles donnent les plus curieuses indications sur la pêche de la baleine et du cachalot, sur la température de la mer, etc. Les cartes des côtes des États-Unis, publiés par l'*Hydrographical Office* de la république, sous la direction de M. *Alex. Bache,* forment une magnifique collection. Quant aux cartes qui représentent la généralité du pays, signalons celles de M. *Guillaume-Tell Poussin,* de M. *Tanner,* de M. *Calvin Smith* ; l'atlas de M. *Bradford.* Ajoutons, parmi les travaux de cette féconde région, les cartes générales de M. *Colton;* les ouvrages de M. *Samuel G. Drake,* de M. *Eugène Vail,* de M. *Schoolcraft,* sur les Indiens; de M. *Delafield,* sur les antiquités américaines; de MM. *G. Morton, Nott* et *Gliddon* sur l'ethnologie; de M. *Woodbridge,* de M. *Poinsett,* sur différents points de la géographie américaine; l'*Almanach américain,* excellent recueil, très-riche en documents statistiques, et qu'un bon géographe, M. *Worcester,* a longtemps rédigé; le dictionnaire des États-Unis, par M. *Thomas Baldwin;* l'*American Gazetteer* de M. *Devonport,* qui traite de toute l'Amérique septentrionale et des Antilles; l'histoire de la découverte du Mississipi par M. *Falconer;* un ouvrage sur le même sujet, par M. *Shea.* Quoique la géographie des époques reculées ait moins d'intérêt pour la jeune Amérique

que la géographie positive, actuelle et pratique, on trouve encore dans ce pays un assez grand nombre de savants qui ont creusé les questions du passé, et l'on peut citer, entre autres, la géographie du moyen âge de M. *Kœppen*. De nombreuses sociétés et des établissements puissamment organisés favorisent le mouvement du progrès dans cette brillante confédération : citons, parmi les plus utiles, l'*Institution smithsonienne*, à Washington, et la *Société géographique* de New-York, fondée en 1851 sous la présidence de M. *Henry Grinnell*.

Le Canada, ce pays moitié français, moitié anglais, qui possède à un haut degré le bon côté du génie des deux nations, travaille et progresse à son tour : les ouvrages géographiques et les cartes de M. *Mac-Donell-Morin*, de M. *Bouchette*, de M. *Keefer*, ont une juste renommée.

Dans les Antilles, c'est Cuba qui se distingue par les principaux travaux géographiques : M. *Ramon de La Sagra*, M. *de La Torre* et M. *Rodriguez* y ont fait des publications considérables, qui ont surtout cette belle île pour objet.

Dans l'Amérique méridionale, deux centres d'instruction attirent nos regards : l'un est *Rio-de-Janeiro*, où fleurit l'*Institut historique et géographique du Brésil*, fondé en 1838 par MM. *da Cunha Mattos* et *da Cunha Barboza*, et qui publie une Revue trimestrielle pleine de faits et de savoir. — L'autre est Buenos-Ayres, où *Don Pedro de Angelis* s'occupe de l'importante publication de documents relatifs à l'histoire et à la géographie des provinces du Rio de la Plata ; on peut y lire, entre autres, les intéressants renseignements sur Malaspina, cet infortuné amiral espagnol, chargé, en 1789, d'une expédition autour du monde, et qui explora soigneusement les parages du Rio de la Plata. A son retour en Europe, il fut jeté dans un cachot, sans qu'on ait jamais pu connaître les motifs d'un traitement aussi rigoureux ; tous ses papiers furent saisis ; le P. Gil partagea sa disgrâce, pour avoir voulu publier son journal de navigation, et sa qualité de confesseur du roi ne put le sauver.

Trois centres enfin s'offrent dans l'Océanie : Manille, métropole espagnole ; Batavia, métropole néerlandaise ; et l'Australie, la florissante colonie anglaise. Dans la première, ont été réunis les renseignements qui ont servi à rédiger le dictionnaire géographique des Philippines, par M. *Manuel Buzeta* ; dans la seconde, où siège l'Institut royal néerlandais des Indes orientales, M. *Melvill de Carnbee* a publié des documents importants et des cartes intéressantes sur les possessions hollandaises de la Malaisie ; dans la troisième, M. *Wells* a fait un dictionnaire de l'Australie. Au fond même de la Polynésie, dans les îles Sandwich, si complétement sauvages il y a moins d'un siècle, la science a poussé quelques racines : on y a fait, à Lahainaluna, une grande carte de cet archipel, et elle est gravée avec un talent qui ferait honneur à l'Europe.

Ainsi, partout les progrès géographique se manifeste : il revêt toutes les formes ; l'art merveilleux de la photographie lui-même lui prête son concours, et MM. *Bisson*, entre autres, ont donné des cartes charmantes en ce genre ; MM. *Firmin Didot* et *Raffelsperger* ont fait des cartes typographiques ; le moyen ingénieux des cartes-reliefs, employé pour la première fois par *Lar*-

tique vers la fin du xviiie siècle, a pris un grand accroissement et acquis une grande perfection depuis quelques années : c'est l'Allemagne qui a produit les plus jolis travaux de ce genre, et M. *Kummer* nous paraît être le plus heureux auteur de cette sorte de cartes; celles qu'il a consacrées aux diverses parties du monde et à la France sont surtout de délicieux ouvrages ; signalons aussi les reliefs de MM. *Dobbs, Erbe, Séné, Rath, Ravenstein, Schuster, Bauerkeller, Dickert, Beckh, Aug. Scholl, Pauling;* M. *Bardin* a particulièrement appliqué très-heureusement ce procédé aux plans des villes ; M. *Pasquieri* a fait l'île d'Elbe ; M. *Bald* a donné une jolie île Clare (côte d'Irlande); M. *Berthelot*, une île Ténériffe très-remarquable ; M. *Maillard*, l'île de la Réunion ; M. *Dufrénoy*, le Vésuve ; M. *Élie de Beaumont*, le mont Etna.

Les *reports* d'une pierre sur une autre facilitent, depuis assez longtemps déjà, le tirage d'un grand nombre d'exemplaires, sans fatiguer la pierre primitive. On vient d'appliquer l'*électrotypie* à la reproduction des planches gravées des cartes ; la *paniconographie*, qui est née d'hier, permet de reproduire, à l'aide de la presse d'imprimerie, et en même temps que le texte, une carte intercalée au milieu des formes de ce texte. Au moyen de la *chromolithographie*, les cartes se montrent toutes coloriées au sortir de la presse, et l'on conçoit combien ce procédé est précieux, par exemple, pour les cartes géologiques. Enfin, la *litho-chalcotypie* reproduit par la pierre les anciennes cartes gravées sur cuivre ou sur acier.

FIN.

LAGNY. — Imprimerie et Stéréotypie de VIALAT et Cie.

www.ingramcontent.com/pod-product-compliance
Lightning Source LLC
LaVergne TN
LVHW021003090426
835512LV00009B/2050